Andreea Odoviciuc

Gegeneinander – Nebeneinander – Miteinander

Valeska Bopp-Filimonov/Thede Kahl/Larisa Schippel (Hg.)
Forum: Rumänien, Band 47

Andreea Odoviciuc

Gegeneinander – Nebeneinander – Miteinander

Deutsch und Rumänisch als Rechts- und Verwaltungssprachen im habsburgischen Kronland Bukowina (1848–1918)

Frank & Timme
Verlag für wissenschaftliche Literatur

Umschlagabbildung: *Karte der Bukowina* aus Albert Scobel (Hg.): Andrees Handatlas, Bielefeld/Leipzig: Velhagen & Klasing, 4. Aufl. 1901 und *Wappen des Herzogtums der Bukowina von 1867*, aus einer Wappenrolle Österreich-Ungarns nach Hugo Ströhl

ISBN 978-3-7329-0944-5
ISBN E-Book 978-3-7329-9002-3
ISSN 1869-0394

Herstellung durch Frank & Timme GmbH,
Wittelsbacherstraße 27a, 10707 Berlin.
Printed in Germany.
Gedruckt auf säurefreiem, alterungsbeständigem Papier.

www.frank-timme.de

Inhalt

Inhalt

Wehe der Nation, die sich fürchten muss
vor dem Einfluss fremder Kultur.
Diese hat sich selbst
das Todesurteil gesprochen.

Constantin Tomaszczuk

Einführung in das Thema und Zielsetzung

Die Entwicklung der Menschheit lässt sich vornehmlich auf die Entwicklung unserer Ausdrucksmöglichkeiten und Verständigungsformen zurückführen. Durch die ständige Interaktion mit unseren Mitmenschen, den Austausch von Ideen und Ansichten und den immer breiteren Zugang zu Informationen bekommen wir den Impuls, uns in das Leben der umgebenden Gemeinschaft aktiv einzugliedern und zu ihrem Fortschritt beizutragen. Ohne Kommunikation, sei es sprachlich oder außersprachlich, wäre eine Gemeinschaft kaum erdenkbar. Wie erfolgt diese Kommunikation aber in einem Rahmen, wo Individuen sich unterschiedlicher Sprachen bedienen und aufgrund verschiedener kultureller Hintergründe auch unterschiedliche nonverbale Verhaltensmuster aufweisen? Wie interagieren alle darin eingebetteten Elemente und welche beeinflussenden äußeren Faktoren sind in Betracht zu ziehen? Welche Strategien werden umgesetzt und wie entfalten sich die Sprachen in diesem von Vielfalt gezeichneten Milieu?

Das Thema der Vielsprachigkeit und des vielsprachigen Miteinanders, dem heutzutage große Aufmerksamkeit geschenkt wird, – unter anderem um dadurch aktuelle gesellschaftliche Probleme wie Diskriminierung und Fremdenfeindlichkeit zu bekämpfen –, ist keineswegs neu. Die Habsburgermonarchie beherbergte bis zu ihrem Untergang 1918 eine in mehrerer Hinsicht, darunter auch sprachlich, heterogene Bevölkerung, deren Zufriedenstellung große Herausforderungen darstellte. Auf einer kleineren räumlichen Skala konfigurierte sich eine ähnliche Konstellation in der von 1775 bis 1918 habsburgischen Bukowina, deren sprachliche Landschaft nach 1848 mit Fokus auf Deutsch und Rumänisch das Forschungsobjekt der vorliegenden Arbeit bildet.

Im Folgenden wird analysiert, wie sich die Dynamik zwischen den zwei Sprachen in den Bereichen der Justiz und Verwaltung entwickelte, um dadurch die Herausbildung der rumänischen Fachsprache und Terminologie nachzuvollziehen. Dies lässt sich mit Hilfe einer Untersuchung des sprachlichen Gebrauchs in den zwei öffentlichen Bereichen der Bukowina durchführen, was unbedingt die Berücksichtigung historischer, politischer und kultureller Aspekte sowohl auf Ebene des Kronlands, als auch auf Ebene der gesamten Monarchie erfordert. Wesentlich für diese Untersuchung sind das translatorische Phänomen und seine Auswirkungen. Eine komparative Analyse der Terminologie in den übersetzten Fachtexten, die auch einen Vergleich mit der im damaligen Rumänien verwendeten Terminologie enthält, soll hervorheben, inwiefern die rumänische Fachsprache vom habsburgischen Einfluss geprägt wurde. Die Dissertation wird durch ein etymologisches deutsch-rumänisches Glossar mit juristisch-administrativen Termini vervollständigt, das nicht nur Informationen zur Herkunft und Entwicklung der Termini bietet, sondern auch als Hilfsmittel für künftige translatorische oder terminologische Tätigkeiten dienen könnte.

Die vorliegende Arbeit[1] umfasst demzufolge eine interdisziplinäre Erforschung und setzt voraus, dass die Sprachen nicht als isolierte, eingeschlossene und stabile Entitäten, sondern als lebende, veränderliche Organismen zu betrachten sind, deren Elemente miteinander – im Rahmen der gleichen Sprache, aber auch zwischensprachlich – und mit äußeren Faktoren interferieren, sich also von diesen beeinflussen lassen und diese gleichzeitig beeinflussen (können).

1 Kurze Teile der Arbeit wurden im Rahmen einiger wissenschaftlicher Artikel veröffentlicht.

Kapitel I: Theoretische Grundlagen und methodisches Verfahren

Eines der üblichsten und doch eindrucksvollsten Instrumente, deren sich der Mensch in seiner Interaktion mit der Umgebung bedient, ist die Sprache. Damit haben sich hervorragende Gelehrte seit Urzeiten beschäftigt, die hochwertige Überlegungen über Sprachursprung, -struktur, -funktion, -erwerb, -verwandtschaft u.v.m hinterlassen (haben). Das Interesse dafür besteht heutzutage immer noch und veranlasst die Durchführung umfassender Recherchen und Studien, die sprachliche Aspekte im Zusammenhang mit anderen Forschungsbereichen berücksichtigen. Der Wert solcher Initiativen ist ungleich höher, denn hiermit werden vielversprechende Möglichkeiten zur Nachvollziehung und Deutung bestimmter Vorgänge eröffnet, was einen Wechsel der Perspektive auf aktuelle sprachliche Probleme bewirken und dadurch eventuelle Lösungsvorschläge anbieten könnte. Eine solche interdisziplinäre, integrative Herangehensweise wird auch in der vorliegenden Arbeit verfolgt, indem wir die Sprachen als wesentliche Elemente des Bukowiner (und habsburgischen) Kulturraums betrachten, die mit den anderen dort wirkenden Kräften interferieren. Besonders wichtig für unsere Analyse sind die Verhältnisse zwischen Sprache, Kultur und Macht, wobei die sprachliche Vielgestaltigkeit der Bukowina und der gesamten Habsburgermonarchie sowie die daraus entstandenen Herausforderungen ins Gewicht fallen.

Die zu diesem Zweck umgesetzten methodischen Vorgehensweisen entsprechen neuesten theoretischen Grundlagen im Rahmen der Kulturwissenschaft und der postcolonial studies, die sich auch für eine kulturorientierte Untersuchung translatorischer Aspekte eignen. Als Inspirationsquelle dafür diente das theoretische Verfahren, das Michaela Wolf in ihrem nicht nur für die Translationswissenschaft wertvollen Buch *Die vielsprachige Seele Kakaniens. Übersetzen und Dolmetschen in der Habsburgermonarchie 1848 bis 1918* gestaltete und anwendete, um dadurch soziale, institutionelle und kulturelle Austauschprozesse und ihre Auswirkungen im habsburgischen Reich zu thematisieren. Dabei zeigte sie, wie unentbehrlich die Translation im pluralistischen Raum der Habsburgermonarchie war oder wie die Monarchie „prin și datorită proceselor traductive”[2] lebte.

„Kakanien” bezeichnet im Roman *Der Mann ohne Eigenschaften* von Robert Musil (selbst ein Bewohner der doppelten Monarchie) einen Staat der Vielfalt, voller Widersprüchlichkeiten und voller Möglichkeiten.[3] Im Anschluss an postkoloniale Theorien wird der musilsche Begriff in der gegenwärtigen Kulturwissenschaft gebraucht, um das habsburgische Herrschaftsgebiet als Raum der Pluralität und Hybridität – inklusive aus sprachlicher Sicht – zu bezeichnen, in dem ständig verkehrt und verhandelt

2 Schippel, Larisa (2017), S. 107.

3 Siehe z. B. Bolterauer, Alice (2003) S. 4.

wird.[4] Wie Musil mittels seines Buches einlädt, „hinter die [eine] Wirklichkeit zu sehen,"[5] so ermutigt die darauf basierende wissenschaftliche kakanische Perspektive auf die ehemalige Monarchie, unter anderem Mythen wie koloniale Macht, Nation, Beziehung zwischen Zentrum und Peripherie und reine (nationale) Kultur oder reine (nationale) Sprache zu hinterfragen.

Essenziell – und relevant für die vorliegende Arbeit – sind dabei die postkolonialen Ansätze, die Homi K. Bhabha in seinen Werken vorlegt. In Anlehnung an Michel Foucaults Diskursanalyse, Jacques Derridas Dekonstruktion und Jacques-Marie Émile Lacans Psychoanalyse berücksichtigt Bhabha Machtverhältnisse, Hierarchien, individuelle und kollektive Identitäten und (vor allem kulturelle) Differenzen, die durch Diskurse konstruiert werden und die es zu dekonstruieren gilt. Unerlässlich für die Stiftung von Identitäten ist gemäß Lacan und Bhabha die Auseinandersetzung mit dem Anderen.[6] Demzufolge lässt sich Bhabhas Forschungsmodell effizient in der habsburgischen Bukowina – so wie in der ganzen Monarchie – anwenden, wo es durch kontrollierte und freiwillige Migrationen zu einem Zusammenprall von Eigenem und Anderem kam. Im Mittelpunkt des von uns verwendeten Verfahrens befinden sich also – nach dem bhabhaschen Modell – Sprache (inkl. Mehrsprachigkeit), Kultur und Herrschaft, die mit der Identitätskonstruktion in Verbindung zu bringen sind.

Um alle diese Elemente zusammenhängend zu betrachten, bedienen wir uns des von Moritz Csáky formulierten Kulturkonzeptes, das Kultur als dynamischen Kommunikationsraum darstellt, der sowohl verbalen als auch nonverbalen Verkehr involviert und „in dem [...] kontinuierlich und performativ soziale Lebenswelten konstruiert, konstituiert, repräsentiert und reproduziert, individuelle und kollektive Identitäten geschaffen und Machtverhältnisse ausgehandelt werden."[7] So wie in Bhabhas Vorstellung, ist dieser ein entgrenzter Raum, der durch Differenzen und Hybridität gekennzeichnet ist.[8] Darauf bezogen werden in den folgenden Kapiteln das kulturelle Milieu der habsburgischen Bukowina und die darin stattfindenden Austauschprozesse analysiert, um den konstruktiven, aber auch den konstruierten Charakter der Sprache zu illustrieren. Diese Analyse darf nicht durch die Grenzen der Bukowina – die auf jeden Fall gemäß dem hier vorgestellten Kulturkonzept bewegbar und durchlässig sind – beschränkt werden, sondern erfordert die Berücksichtigung des umfangreicheren habsburgischen Kulturraums, mit dem der Bukowiner Kulturraum interferiert.

Für die vorliegenden Recherchen wurde der Zeitraum 1848 bis 1918 gewählt, da er

---

4 Zahlreiche wissenschaftliche Beiträge in Verbindung mit diesem Ansatz sind Online unter http://www.kakanien-revisited.at/ verfügbar.

5 Bolterauer, Alice (2003), S. 6.

6 Siehe im Detail Struve, Karen (2013) S. 12–30.

7 Csáky, Moritz (2010), S. 101.

8 Siehe im Detail Ebd., S. 104–109.

eine besonders produktive Phase in der Entfaltung der im habsburgischen Gebiet benutzten Sprachen darstellt. Diese erfolgte im Zusammenhang mit der Entstehung der Nationen, die sich vor allem durch eine gemeinsame „Muttersprache" ihrer Mitglieder definierten. Beim Erörtern der habsburgischen Sprachenfrage müssen demzufolge auch die zentrifugalen Bewegungen innerhalb der Monarchie und die dadurch geänderten Machtverhältnisse diskutiert werden. Diese Entwicklungen, den damit verbundenen nationalen Diskurs und den dagegen kämpfenden imperialen Diskurs, die in dem Zeitraum formuliert wurden, betrachten wir aus der von Benedict Anderson eröffneten Perspektive. Auf den Studien von Eric Hobsbawm und Terence Ranger[9] aufbauend prägt Anderson den Begriff der „imagined communities" und betrachtet die Nationen eher als soziale Erfindungen und nicht als Ergebnisse des Erwachens/Wiederfindens schon immer existierender, innerlich fest verbundener Gemeinschaften.[10] Dies lässt sich auch in der habsburgischen Bukowina mit Bezug auf die rumänische Nation und Sprache nachvollziehen, deren offizieller Status sich nach 1848 erheblich änderte.

Eine wichtige Rolle in diesem Kontext spielten die translatorischen[11] Tätigkeiten, die angesichts des vielsprachigen Milieus der Monarchie als unerlässlich für eine effiziente Kommunikation und für das gute Funktionieren des Gesamtstaates erschienen. Als Folge der habsburgischen Sprachenpolitik, die das Deutsche als allgemeine Verkehrs- und Verständigungssprache förderte, ohne aber die anderen Sprachen aus den öffentlichen Bereichen komplett auszuschließen, erfolgten zahlreiche Übersetzungen[12] von juristischen und administrativen Texten aus dem Deutschen ins Rumänische, aber auch umgekehrt. Ein wertvoller Forschungsbeitrag auf diesem Gebiet wurde bereits von Iulia-Elena Zup geleistet, deren Studien[13] hinsichtlich der Übersetzung von Gesetzestexten für die habsburgische Bukowina auch bei der Durchführung der vorliegenden Untersuchung als Bezugsquelle dienen. Im Rahmen unserer Recherchen beabsichtigen wir keine erschöpfende Analyse aller von 1848 bis 1918 geleisteten Übersetzungsarbeiten, sondern beschränken uns auf einige wichtige Fachtexte, die damit beschäftigten Institutionen und die daran beteiligten Arbeitskräfte, d.h. die Übersetzer. Von großem Interesse sind für uns die umgesetzte Terminologie und ihre Entwicklung, die sich durch eine diachronische Herangehensweise nachzeichnen lässt. Um das Übersetzungsphänomen zu untersuchen, berufen wir uns auf von der „kulturellen Wende" hervorgebrachte theoretische Grundlagen und betrachten somit

9 Siehe Hobsbawm, Eric/Ranger, Terence (eds.) (1983).

10 Siehe Anderson, Benedict (2006) *Imagined Communities. Reflections on the Origin and Spread of Nationalism.*

11 Der Terminus „Translation" gilt in der vorliegenden Arbeit als Oberbegriff, der sowohl das Übersetzen (schriftliche Translation), als auch das Dolmetschen (mündliche Translation) bezeichnet.

12 Durch „Übersetzung" bezeichnen wir die Übertragung eines schriftlichen Textes aus einer Sprache in eine andere, bzw. das Endprodukt dieses Prozesses.

13 Siehe. Zup, Iulia-Elena (2015) *Traducerile legislației austriece în Bucovina habsburgică (1775–1918).*

die Translation als komplexe kulturelle Tätigkeit, bei der nicht nur sprachliche Faktoren zusammenwirken.

Wegbereiter und Vertreter dieser Neuorientierung sind unter anderem Hans J. Vermeer, André Lefevere und Katharina Reiß. In ihren Studien werden Texte als Teile eines kulturellen Gewebes behandelt, dessen Elemente beim Übersetzen oder Dolmetschen in Erwägung gezogen werden müssen. Aus einer pragmatischen Perspektive betrachten Vermeer und Reiß die Translation als transkulturellen Transfer,[14] der sprachliches Handeln einbezieht, wobei aber die Sprache als „kulturgebundenes, kulturgeprägtes Ausdrucksmittel und Mittel der Kommunikation, der Mitteilung"[15] fungiert. Translatorische Tätigkeiten werden mit einem z. B. vom Auftraggeber oder vom Translator bestimmten Zweck durchgeführt und dieser Zweck (Skopos) ist entscheidend für die Wahl entsprechender Translationsstrategien. Beschäftigt vor allem mit literarischen Übersetzungen betont Lefevere auf ähnliche Weise die kulturelle Bedingtheit der Translation und die Einwirkung machtbezogener Faktoren.[16] Auch er weist auf den zweckgerichteten Charakter der Translationen hin, indem er feststellt, „translations have been made with the intention of influencing the development of a culture."[17] Darüber hinaus lenken alle drei Translationswissenschaftler die Aufmerksamkeit auf die Translatoren, die als Teile (mindestens) eines Kulturraums mit diesem interagieren und von ihm beeinflusst werden. Dies wirkt dann auf die Translation ein: „Translations are not made in a vacuum. Translators function in a given culture at a given time. The way they understand themselves and their culture is one of the factors that may influence the way in which they translate."[18] Zusätzlich erscheint von Relevanz, den Übersetzungsakt durch Berücksichtigung der nationsbildenen Prozesse des 18. und 19. Jahrhunderts zu betrachten. Diesbezüglich bemerkt Naoki Sakai, dass Übersetzen die im nationalen Diskurs formulierte Idee der Einheit der Sprache bekräftigt, denn Übersetzen ist nicht nur eine Grenzüberschreitung, sondern auch eine Grenzziehung (*bordering*).[19]

Auf diesen Betrachtungen basierend und unter Beachtung des oben gezeichneten Kulturkonzeptes untersuchen wir die translatorische Tätigkeit – samt ihren Akteuren – in der und für die Bukowina als kulturelles Phänomen, das an den dynamischen Prozessen sowohl innerhalb als auch an den diffusen Grenzen der Kommunikationsräume beteiligt ist.

14 Siehe z.B. Vermeer, Hans J. (1986) S. 31–53.

15 Reiß, Katharina (1995), S. 13.

16 Siehe Lefevere, André (1992), S. 2, 10.

17 Ebd. S. 8.

18 Ebd. S. 14. Vgl. dazu auch Vermeer, Hans J. (1986), S. 34, und Reiß, Katharina (1995), S. 47.

19 Vgl. Sakai, Naoki, S. 9–12.

Kapitel II: Zur Vielgestaltigkeit der Habsburgermonarchie

Durch die Ausdehnung ihres Herrschaftsbereichs stiegen die Habsburger schon im Mittelalter in eine hohe Machtposition auf. Im Laufe der Jahre gewann die Donaumonarchie immer mehr an Prestige und setzte sich als führende europäische Macht durch, wobei sie sich neue Gebiete – darunter auch die östlich gelegene, zur Grenzregion gewordene Bukowina im Jahr 1775 – einverleibte. Auf diese Weise verwandelte sie sich in eine Bühne der Vielfalt, was sowohl Vorteile, als auch große Herausforderungen mit sich brachte. Die mannigfaltige Landschaft, die verschiedenen Boden- und Baumarten, die zahlreichen Ressourcen der neu eroberten Regionen, aber auch ihre Kultur und Bräuche eröffneten eine große Auswahl an Möglichkeiten. Um alle diese zu genießen und den Wohlstand der gesamten Monarchie zu gewährleisten, mussten die Habsburger aber Maßnahmen ergreifen, die eine Solidarität unter den zusammengebrachten Gruppen forderten, so dass diese sich einander annäherten und die vielschichtigen Differenzen zwischen ihnen zu keinen (großen) Konflikten führten.

Gemäß dem oben geschilderten Kulturkonzept ging also mit dem physischen Kontakt im habsburgischen Gebiet – unter anderem durch ständige Migrationen und intensiven Handel – zwangsläufig eine Interaktion zwischen verschiedenen Kommunikationsräumen einher. Die BewohnerInnen der Monarchie mussten Wege finden, um miteinander trotz ihrer sprachlichen, ethnischen und religiösen Unterschiede zu verkehren. Der kaiserliche Hof musste zudem entsprechende Kommunikationsstrategien in den öffentlichen Bereichen umsetzen, um die Kohäsion und das Funktionieren des Gesamtstaatsapparats sicherzustellen. Zu diesen Zwecken war die Berücksichtigung der hybriden Gestaltung der Monarchie und vor allem der Mehrsprachigkeit ihrer Bevölkerung sowohl im alltäglichen als auch im offiziellen Rahmen unerlässlich. Eine bedeutende Wende in der kaiserlichen Sprachen- und Nationalitätenpolitik erfolgte im Jahr 1848 als Folge der Kristallisierung einer neuen Einstellung der von der sprachlich-kulturellen Verschiedenheit markierten Individuen zu ihrer individuellen und kollektiven Identität. Dadurch begann eine Blütezeit nationaler Gedanken, die als Bedrohung für die Stabilität des gesamtstaatlichen Gebildes empfunden wurden und die es von Seiten des Hofes zu mildern galt.

In diesem Kapitel wird der heterogene Charakter des habsburgischen Milieus untersucht, wobei die Probleme und Konflikte, die daraus entstanden, und die dafür vorgeschlagenen Lösungen und umgesetzten Maßnahmen ins Visier kommen. Dadurch lässt sich unter anderem die enge Verwobenheit der Sprache mit dem Kulturraum, zu dem sie gehört, illustrieren. Relevant in diesem Sinne sind die sprachlich und kulturell bedingten Machtübertragungen, die sich wiederum auf die Entfaltung und Umgestaltung der betreffenden Kulturen auswirken.

II.1. Sehnsucht nach dem *Ich* in der habsburgischen Melange

Der Werdegang jedes Individuums wird zum großen Teil von seinem Selbstverständnis bestimmt. Die positive oder negative Einschätzung der eigenen Merkmale diktiert die Art, auf die man sich in der Öffentlichkeit darstellt und mit seiner Umgebung interagiert. Dadurch erkennt man – in mehr oder weniger realistischer Weise – seine Fähigkeiten und sein Potenzial und formuliert dementsprechend anzustrebende Ziele. Wenn jemand also unterschiedlichen und eventuell widersprüchlichen Verhaltens-, Denk- und Bewertungsmustern ausgesetzt ist, wird die Positionierung des *Ichs* erschwert, was zu einer allgemeinen Orientierungslosigkeit führen kann. Darunter litten viele BewohnerInnen der territorial expandierenden Habsburgermonarchie, die sich mit großen Veränderungen in alltäglichen und offiziellen Bereichen konfrontiert sahen, vor deren Hintergrund sie ihre Identität definieren mussten.

Mit den Besonderheiten dieses sozialen Phänomens innerhalb des zentraleuropäischen Raums zwischen den Jahren 1848 und 1918, vor allem im urbanen Gebiet der Donaumonarchie, hat sich Moritz Csáky ausführlich beschäftigt.[20] Er identifiziert in diesem Sinne zwei Faktoren, die sich als Haupterreger der dort empfundenen gesellschaftlichen Fragmentiertheit bezeichnen lassen. Der erste wäre die im gesamteuropäischen Rahmen eingeführte Modernisierung, die technische, industrielle und wirtschaftliche Erneuerungen anbahnte. Durch die Erfindung kommunikationsfördernder Mittel (Telefon, Radio) und die Entwicklung der Infrastruktur wirkte diese einerseits vereinheitlichend, indem die Teile der Monarchie einander näher gebracht wurden.[21] Andererseits aber lösten z.B. die dadurch eröffneten Arbeitsmöglichkeiten große Migrationswellen aus, wobei die meisten Zuwanderer in die Städte umsiedelten, wo sie sich integrieren mussten. Dies machte die sozialen Unterschiede zwischen den BewohnerInnen des habsburgischen Raums sichtbar und veranlasste die Loslösung von alten Organisierungsformen sowie eine Neustrukturierung der Gesellschaftsschichten,[22] was gewisse Änderungen bezüglich der bisherigen innerstaatlichen Machtverhältnisse hervorbrachte. Die zweite Ursache des Stabilitätsverlusts wäre die Heterogenität der Bevölkerung auf ethnisch-kultureller, sprachlicher und religiöser Ebene, die sich nun im städtischen Milieu spüren ließ. Hier strömten Mitglieder einer Vielzahl von in der Monarchie lebenden Völkern zusammen, die sich unterschiedlicher Sprachen bedienten, zu unterschiedlichen Konfessionen gehörten und unterschiedliche politische, juristische und administrative Systeme kannten.[23]

---

20 Siehe z.B. Csáky, Moritz (2010) *Verlust der Stabilität der Dinge und des Ichs* S. 30–33 und *Delegitimationen und Wiener Moderne* S. 33–36.

21 Vgl. Csáky, Moritz (2002) S. 1.

22 Vgl. Csáky, Moritz (2010), S. 27.

23 Ebd., S. 66–67.

Die durch die Modernisierung bedingte Kollision von Angehörigen unterschiedlicher soziokultureller Rahmen führte somit zur Vertiefung dieser *vertikalen* und *horizontalen Differenziertheit*, wie Csáky sie in Anlehnung an Andrei Corbea-Hoişie nennt,[24] und löste Konflikte zwischen den Volksgruppen, zwischen Individuen, aber auch innerliche Konflikte aus. Man musste sich in mehreren Kommunikationsräumen zurechtfinden und mit dem Unvertrauten auseinandersetzen, was einerseits kulturschaffende Austauschprozesse[25] und die Herausbildung von Mehrfachidentitäten begünstigte, andererseits aber die Individuen von ihren vorherigen Referenzsystemen distanzierte.[26] Die daraus entstandene Verwirrung verbreitete sich unter der Bevölkerung und warf existentielle Fragen nach Identität auf.

Viele Stellungnahmen zu diesem Thema zeichnen sich durch einen dramatischen Klang aus, der auf die emotionale Aufladung der damaligen Ereignisse hinweist. 1893 notiert z.B. Hugo von Hofmannsthal „Wir haben gleichsam keine Wurzeln im Leben und streichen, hellsichtige und doch tagblinde Schatten, zwischen den Kindern des Lebens umher,"[27] wobei Georg Lukács ein paar Jahre später, 1910, anmerkt:

> „Mit dem Verlust der Stabilität der Dinge ging auch die Stabilität des Ichs verloren; mit dem Verlust der Fakten gingen auch die Werte verloren. Es blieb nichts außer Stimmungen. In einem einzelnen Menschen und zwischen den Menschen gab es nur Stimmungen von gleichem Rang und gleicher Bedeutung [...]. Jede Eindeutigkeit war aufgehoben, denn da war alles nur subjektiv; die Behauptungen hörten auf, etwas zu bedeuten [...]".[28]

Die Überlappung und Interferenz unterschiedlicher Kulturräume veranlasste die Mischung kultureller Elemente und begünstigte dadurch die Gestaltung pluralistischer Identitäten. Die hybride Habsburgermonarchie gebar somit hybride Individuen, die sich selbst stets neu definieren mussten.

II.2. Die Gestaltung eines *Wir*

Menschen neigen dazu, Teil einer Gemeinschaft zu sein, in der sie sich geborgen fühlen und die ihnen persönliche und berufliche Entwicklungsmöglichkeiten bietet. Dieser Bedarf nach Zusammengehörigkeit und Partizipation wurde im habsburgi-

24 Ebd, S. 66. Csáky übernimmt die Begriffe von Andrei Corbea-Hoişie: *Pawlitschek, Pekelmann, Kaindl & Co. Zum Entstehen und Bestehen einer österreichischen ostprovinziellen Literatur vor 1918*, in "Sprachkunst" H. 2 (1995), S. 263–281.

25 Csaky dokumentiert diesbezüglich die kreative Produktivität dieses Austauschs u.a. im musikalischen und kulinarischen Bereich. Siehe z.B. Ebd. S. 16–17 und 109–111.

26 Vgl. Csáky, Moritz (2002), S. 3–4.

27 Zitiert nach Csáky, Moritz (2010), S. 31.

28 Ebd.

schen Raum instrumentalisiert, wo der intensivierte Austausch von kulturellen Elementen zu dem geführt hatte, was Stephen Greenblatt „Zusammenbruch kultureller Identitäten"[29] nennt. Gemäß Greenblatt ist die Kultur als „eine an sich instabile, vermittelnde Art und Weise der Gestaltung und Erfahrung" zu sehen, die „nur durch gesellschaftliche Durchsetzung einer imaginären Ordnung der Ausschließung [...] als eine stabile Entität fingiert werden"[30] kann. Solche Bestrebungen, um Stabilität ideologisch zu konstruieren, lassen sich im untersuchten Zeitraum nachvollziehen.

Ab 1848 und bis zum Untergang der Monarchie wurde die habsburgische politische Debatte von Fragen nach kollektiver Identität dominiert. Diesbezüglich kristallisierten sich zwei teilweise gegensätzliche Ideologien heraus, die den Bürgern eine stabile Identität und das Gefühl der ersehnten Zugehörigkeit versprachen. Die eine war nationsorientiert und förderte die Unterteilung des habsburgischen Kaisertums, während die andere eine imperialistische, gesamtstaatserhaltende Gesinnung befürwortete.

Diese politischen Auseinandersetzungen verdankten sich zum großen Teil dem aufklärerischen Geist, der sich ab dem 18. Jahrhundert im gesamten europäischen Raum verbreitete. In Übereinstimmung mit den neuen vernunftfördernden Gedanken nahmen die habsburgischen Monarchen an, dass der staatliche Fortschritt durch die intellektuelle Erhebung der Bevölkerung bedingt war, und sorgten unter anderem durch die von Maria Theresia eingeführte Schulpflicht[31] für eine steigende Alphabetisierungsrate in ihrem Herrschaftsgebiet. Darauffolgend und im Zusammenhang mit der Erfindung des Druckes und der Entwicklung des Pressewesens,[32] dessen Publikationen ein immer größeres Publikum erreichten, wurden die Ausbreitung von Informationen und der Meinungsaustausch intensiviert. In Bezug darauf schreibt der Schriftsteller Eduard von Bauernfeld im Jahr 1842: „In Wien ist in den letzten zehn Jahren mehr gelesen worden als früher in einem Jahrhundert. Die Massen der Bücher und Schriften, besonders in politischer Literatur und Belletristik, welche die Residenz consumiert, ist ungeheuer."[33] Die sich rasch entwickelnde „Lese- und Diskussionskultur"[34] schärfte das Bewusstsein der sachkundiger werdenden Leserschaft für das Gesellschaftsleben und weckte ihr Interesse, daran aktiv teilzunehmen. Gerade die Tatsache, dass die habsburgische Bevölkerung über ihre Umgebung und die dort stattfindenden Änderungen mehr oder weniger bewusst reflektierte,[35] führte zu einer

29 Stephen Greenblatt, zitiert nach Wolf, Michaela (2012), S. 191.

30 Ebd.

31 Durch die *Allgemeine Schulordnung für die deutschen Normal-, Haupt- und Trivialschulen* vom 6. Jänner 1774. Siehe dazu Fischel, Alfred (1910), S. XXXI-XXXII.

32 Pieter M. Judson betrachtet die Expansion der Presse – neben dem Aufkommen von unterschiedlichen Vereiningungen – als wichtige Grundlage für die Herausbildung politischer Ansichten unter der habsburgischen Bevölkerung. Vgl. dazu Judson, Pieter M. (2017), S. 198.

33 von Bauernfeld, Eduard (1842), S. 50.

34 Ebd., S. 193.

35 Zur bewussten oder unbewussten Reflexion als Merkmal der Moderne siehe Csáky, Moritz/Feichtinger, Johannes/Karoshi, Peter/Munz, Volker (2006), S. 2.

Auseinandersetzung mit dem *Ich* und mit dem gemeinschaftlichen Miteinander, was die Formulierung und Aneignung unterschiedlicher politischer Einstellungen begünstigte.

*

Die Versuche der Konfigurierung stabiler Gemeinschaften, deren Mitglieder sich bestimmter Rechte erfreuen würden, warfen bereits vor 1848 Fragen nach der Bedeutung von Begriffen wie „Volk", „Nation" oder „Nationalität" auf. Im habsburgischen STAATS-LEXIKON von 1843 werden z.B. sowohl objektive als auch subjektive Kriterien genannt, die ein Volk erfüllen musste, um als solches anerkannt zu werden:

> „Ein Volk, so hieß es darin, sei nicht jede Menschenmenge, »die Abstammung, Sprache, Sitten und dergleichen gemein hat.« Zum Volk werde diese Menge erst dann »wenn sie anderen Menschen gegenüber sich als Einheit und abgeschlossenes Ganze fühlt und erkennt.«"[36]

Im Rahmen der revolutionären Bewegungen Mitte des 19. Jahrhunderts und in den folgenden sieben Jahrzehnten kristallisierten sich in Übereinstimmung mit der oben angeführten Definition des Volksstammes nationale Gedanken heraus. Jede Nationalität Österreichs begann ihre kollektive Identität zu gestalten, indem sie die Bindungen zwischen ihren Angehörigen verstärkte und sich von den anderen abgrenzte. Gemeinsamkeiten wie Ethnie und Sprache verknüpften somit gewisse Individuen ungeachtet ihrer Klassenzugehörigkeit und schlossen gleichzeitig andere von der Gruppe aus. Durch die Entwicklung eines derart geprägten nationalen Selbstbewusstseins erfolgte eine ideologische Grenzziehung zwischen den zusammenlebenden Volksstämmen, was eine weitere Fragmentierung der Monarchie bedingte.

Auf die nationale Narrative reagierend revidierte der habsburgische Hof seine politische Strategie und sah sich gezwungen, diese ab 1848 zu ändern, um das Weiterbestehen des Kaisertums sicherzustellen. Bis zur Mitte des 19. Jahrhunderts verfolgten die Monarchen offensichtlich das ehrgeizige Ziel der Vereinheitlichung ihrer Völker auf sprachlicher, juristischer und administrativer Ebene. Als Beweise dafür stehen unter anderem die Zentralisierungsbestrebungen in den öffentlichen Bereichen, die unter Maria Theresia (1740–1780) und ihrem Sohn Joseph II. (1780–1790) unternommen wurden, wie die Errichtung von lokalen Justiz- und Verwaltungsämtern, die einheitlich administriert und den Hofinstitutionen untergeordnet waren,[37] oder die Einführung einer einzigen offiziellen Staatssprache.[38] Im Lichte der Erhebung der Nationalitäten und ihrer revolutionären Anforderungen an Autonomie und Gleichberechtigung

36 Stourzh, Gerald (1985), S. 22.

37 Vgl. Fischel, Alfred (1910), S. XXVIII-XXIX.

38 Die Sprachenfrage wird im Unterkapitel *Wie Sprache zur Waffe wurde* näher betrachtet.

von 1848/1849 verzichteten die habsburgischen Herrscher auf ihr uniformisierendes Streben und boten ihren Untertanen eine alternative Gemeinschaft an, die umfangreicher und aufnahmebereiter als die sprachlich einheitliche Nation war. Kennzeichnend für diese Gemeinschaft war vor allem die vielseitige Pluralität ihrer Mitglieder, die sich der gleichen Rechte erfreuen und ungeachtet ihrer Differenzen friedlich miteinander leben sollten. Das große Kaisertum, die »Nation Österreich«, hatte als Heimat und Vaterland für alle darin wohnenden Volksstämme zu dienen. Diese Alternative, die nicht nur von den Machthabern, sondern auch von einer großen Zahl nicht-deutschsprachiger Intellektuellen gefördert wurde, entspricht bis zu einem gewissen Grad der heute in der Europäischen Union befürworteten *Einheit in Vielfalt*.[39] Der kaiserliche Hof führte demgemäß eine massive Kampagne zur Steigerung des Patriotismus für die österreichische Nation,[40] um die zentrifugalen Kräfte zu bekämpfen und dadurch den Zusammenbruch der Monarchie zu vermeiden.

Ein klares Beispiel dafür bietet das 24-bändige Werk *Die Österreichisch-Ungarische Monarchie in Wort und Bild*, das als landeskundliche Enzyklopädie des Gesamtstaates gilt. Bereits in der Einleitung zum 1886 erschienenen Übersichtsband wird die politische Zielsetzung des umfangreichen Projekts öffentlich angekündigt:

> „Das Studium der innerhalb der Grenzen dieser Monarchie lebenden Völker ist nicht nur für den Gelehrten ein hochwichtiges Feld der Thätigkeit, sondern auch von praktischem Werthe *für die Hebung der allgemeinen Vaterlandsliebe*. Durch den wachsenden Einblick in die Vorzüge und Eigenthümlichkeiten der einzelnen ethnographischen Gruppen und ihre *gegenseitige und materielle Abhängigkeit* voneinander muß das *Gefühl der Solidarität*, welches alle Völker unseres Vaterlandes verbinden soll, wesentlich gekräftigt werden. Jene Volksgruppen, welche durch Sprache, Sitte und teilweise abweichende geschichtliche Entwicklung sich von den übrigen Volksbestandteilen abgesondert fühlen, werden durch die Thatsache, dass ihre *Individualität* in der wissenschaftlichen Literatur der Monarchie ihr gebührendes Verständnis und somit ihre Anerkennung findet, wohlthätig berührt werden; diesselben werden dadurch aufgefordert, ihren geistigen Schwerpunkt in Österreich-Ungarn zu suchen."[41]

Die Absicht der Arbeit war also, ein harmonisches Bild in das Bewusstsein der habsburgischen Bürger zu projizieren, um dadurch ein brüderliches Miteinander zu schaffen, in dem die ethnische Individualität, sowie die sprachlichen und kulturellen Differenzen die Völker nicht voneinander distanzieren, sondern einander näher bringen sollten. Gemäß diesem Bild gehörten alle hier wohnenden ethnischen Gruppen zum habsburgischen Körper und waren mit dem Vaterland und mit einander durch echte

39 Vgl. Karoshi, Peter (2003), S. 1–2.

40 Siehe z.B. Csáky, Moritz/Feichtinger, Johannes/Karoshi, Peter/Munz, Volker (2006), S. 6–7.

41 *Die Österreichisch-Ungarischen Monarchie in Wort und Bild* (1886) Übersichtsband, 1. Abteilung, Band 2, *Einleitung* S. 5–6, Hervorhebungen A. Odoviciuc. Die Enzyklopädie ist auch als *Kronprinzenwerk* bekannt, da ihre Abfassung von Kronprinz Rudolf angeregt wurde.

Liebe verbunden. Die Idee, dass die Völker voneinander bedingt waren und demzufolge einander brauchten, um durch spirituelle und materielle Zusammenarbeit ihr volles Leistungsvermögen zu erreichen, sollte die interethnischen Verknüpfungen noch mehr festigen lassen und dadurch die Vaterlandsliebe verstärken.

Diese patriotischen Gedanken werden im *Schlusswort zu dem Werke* wiederholt, wo auch auf das Konfliktpotenzial hingewiesen wird, das zu edlen Zwecken genutzt werden sollte:

> „Mögen die Völker dieser Länder, indem sie sich aus diesem Werke kennen lernen, einander lieben, achten, stützen; mögen sie trachten, dem Throne und Vaterlande treu zu dienen; mögen sie in glücklichen Gedeihen und geistigen Fortschritt miteinander wetteifern [...]"[42]

Die durch die nationalen Gedanken angespornte Konkurrenz zwischen den zusammenlebenden Völkern war demnach den habsburgischen Monarchen bekannt und musste mit Vorsicht behandelt werden. Somit wurde die vielseitige Pluralität nicht nur öffentlich anerkannt, sondern als positive Eigenschaft des Kaisertums und als Anlass zu Produktivität eingestuft.

II.3. Wie Sprache zur Waffe wurde

Die politischen Entwicklungen im habsburgischen Raum von 1848 bis 1918 und die damit verbundenen Umgestaltungen des Gesamtstaates lassen sich ohne Zugriff auf die dort entstandene sprachliche Konstellation keineswegs befriedigend beschreiben. Ebenso unerklärlich würde die damalige Entfaltung der Volkssprachen ohne Berücksichtigung politischer und kultureller Aspekte bleiben. Aufschlussreich für unsere Recherchen ist dementsprechend die Erforschung der Rolle und des Wertes der Sprachen in den zwei bereits präsentierten Ideologien, die die politische Szene im untersuchten Zeitraum dominiert haben, aber auch die der Auswirkungen der politischen Einstellungen und Auseinandersetzungen auf die Evolution der nichtdeutschen Sprachen.

II.3.1. Mehrsprachigkeit

Im Rahmen sprach- und translationsbezogener Diskurse bietet sich die Mehrsprachigkeit seit der babylonischen Sprachverwirrung als Forschungsobjekt an. Bereits mit dieser biblischen Erzählung wurde die sprachliche Differenz als negative Situation dargestellt, in der Kommunikation nicht erfolgen kann. Die Erfahrung hat aber gezeigt, dass sprachlicher Verkehr zwischen unterschiedlichen Sprachgruppen

---

42 *Die Österreichisch-Ungarischen Monarchie in Wort und Bild. Kroatien und Slawonien* (1902) Band 24, *Schlusswort* S. 6

doch möglich und in den meisten Fällen eher die Regel als die Ausnahme ist. Dies bedeutet jedoch keinesfalls, dass der direkte Kontakt von Sprechern verschiedener Sprachen immer günstige Auswirkungen hat. Wenn wir mit Georg Kremnitz annehmen, dass sogar die Kommunikation zwischen Angehörigen der gleichen Sprachgruppe bruchstückhaft erfolgt, – „weder kann der Sprecher sich ganz mitteilen, noch kann der Hörer ihn ganz aufnehmen, noch hat der Sprecher eine vollständige Kontrolle über das, was seine Rede beim Hörer auslöst,"[43] – ist es kaum überraschend, dass die Kommunikation bei Angehörigen unterschiedlicher Sprachgruppen misslingen oder Missverständnisse hervorrufen kann, die ein kleineres oder größeres Konfliktpotenzial besitzen.

Als „bunteste[s] Völkergemisch, das Europa aufzuweisen"[44] hatte, bietet die Bevölkerung der damaligen Habsburgermonarchie ein äußerst komplexes Forschungsfeld für Fragen nach mehrsprachigem Zusammenleben, vor allem ab dem Jahr 1848, als die Sprache offensichtlich als Merkmal der Gruppenzugehörigkeit gefördert wurde. Dadurch gewann die Sprache eine Vorrangstellung in der habsburgischen Nationalitätenfrage und diente als politisches Instrument in den hitzigen Debatten über die Gleichberechtigung der Volksstämme, die bis zum Untergang der Monarchie unermüdlich geführt wurden.

II.3.2. Instrumentalisierung der Sprache im nationalen Diskurs

Um zuverlässig aufzutreten und viele Sympathisanten anzulocken, bemühten sich die Vertreter der nationalen Orientierung, in ihrem Diskurs historisch legitimierte Gemeinschaften zu schildern, denen sich Individuen zugehörig fühlten. Dies verlangte unter anderem den Aufbau eines kollektiven Gedächtnisses,[45] das die angeblichen Mitglieder der Gruppe auf Basis gemeinsamer tiefreichender Wurzeln zusammenbringen und sie von der Authentizität ihrer Bindungen überzeugen sollte.

Der nationale Diskurs wählte die Sprache als gemeinsames, verbindendes und gleichzeitig ausschließendes Element und machte sie zum Hauptmerkmal der anzustrebenden Gemeinschaft. Dies war keine zufällige Entscheidung, denn die Sprache, – deren genauer Entstehungsmoment nicht festgelegt werden kann,[46] – verankerte die Gruppe, von der sie gebraucht wurde, in einer horizontlosen Vergangenheit („a horizonless past"[47]), als ob sie immer existiert hätte. Dadurch wurde die Legitimität der sprachlich abgegrenzten Gemeinschaft verstärkt und ihre Dauerhaftigkeit ga-

43 Kremnitz, Georg (1990) S. 10.

44 Friedrich Umlauft (1883), zit. nach Csáky, Moritz/Feichtinger, Johannes/Karoshi, Peter/Munz, Volker (2006), S. 6.

45 Vgl. z.B. Karoshi, Peter (2003), S. 2.

46 Siehe Anderson, Benedict (2006), S. 144.

47 Ebd.

rantiert. Auf diese Weise konnten die Befürworter dieser Ideologie über ein „Erwachen der Nationalitäten"[48] sprechen, was auf eine historische, also natürliche Kontinuität hinweist.

Die Inanspruchnahme der Sprache als Indikator für nationale Gruppenzugehörigkeit war eine romantische gesamteuropäische Erfindung des 19. Jahrhunderts, die sich unter anderem als Folge des Niedergangs des Lateinischen als allgemeine Verständigungssprache erklären lässt[49] und die im habsburgischen Raum in Anlehnung an Johann Gottfried Herders Theorien aufblühte.[50] Gemäß der Vision Herders, der die Sprache als Privatbesitz der Nation ansah[51] und die Abgrenzung der Völker und Sprachen zum Bewahren der *Original- und Nationalsprache* forderte,[52] wurde der nationale Diskurs im habsburgischen Raum um die Sprache herum aufgebaut. Die Sprache galt hierbei als Bindemittel zwischen ihren Sprechern ungeachtet ihrer Klassenzugehörigkeit – und verminderte somit die früher erwähnten *vertikalen* Differenzen –, aber auch als distanzierendes Merkmal, indem sie die *horizontalen* Differenzen vertiefte. Sie hatte dementsprechend zu der Abgrenzung einer »reinen«[53] Nation von allen fremden Elementen beizutragen.

Um diese neu gestaltete Gemeinschaft zu konsolidieren, wurde auch die Kultur „in ein ideologisch konstruiertes Korsett"[54] gezwungen, wobei „cultural achievements" regelmäßig für die Nationen beansprucht und folglich „'nationalized', territorialized"[55] wurden. Daraus entstanden die Nationalkulturen, die heutzutage immer noch eine wichtige Rolle in der Gestaltung kollektiver Nationalidentitäten spielen, aber die, – wenn näher betrachtet –, zahlreiche 'fremde' Elemente in sich tragen[56] und weiterhin aufnehmen. Immerhin stimulierten diese Gedanken unermüdliche Bemühungen zur Bereicherung des – wenn auch national abgegrenzten – Kulturerbes unter anderem durch Ausbau der Nationalsprache und Schaffung einer nationalen Literatur. Somit fand beispielsweise im 19. Jahrhundert eine „lexikographische Revolution"[57] statt, indem zahlreiche Lexika, Wörterbücher und Grammatiken für die Vernakulärsprachen verfasst wurden.[58]

Um die Massen zu bewegen, so dass die nationalen Machtansprüche erfüllt werden, musste der politisch-ideologische Diskurs emotional aufgeladen sein und sich gegen

48 Siehe z.B. Hugelmann, Karl Gottfried (1934), S. 32–38.

49 Vgl. Kremnitz, Georg (1990), S. 45.

50 Vgl. z.B. Brix, Emil (1982), S. 22.

51 Vgl. Anderson, Benedict (2006), S. 67–68.

52 Vgl. Steiner, George (1976), S. 78.

53 Vgl. Csáky, Moritz/Feichtinger, Johannes/Karoshi, Peter/Munz, Volker (2006), S. 4.

54 Csáky, Moritz (2010), S. 117.

55 Neverdeen Pieterse, Jan (2015), S. 91.

56 Siehe das Beispiel der Essgewohnheiten in Csáky, Moritz (2010), S. 109–111.

57 Anderson, Benedict (2006), S. 72.

58 Ebd., S. 71–72

die existierenden Organisationsformen wenden. Dadurch lässt sich zum Beispiel die Etikettierung der Monarchie als »Völkerkerker«[59] teilweise[60] erklären, eine Bezeichnung, die offensichtlich die habsburgische Heterogenität als unnatürliches und unerträgliches Nebeneinander darstellt. Relevant in diesem Sinne ist auch die Einstellung des französischen Historikers Ernest Denis, der die Eigenstaatlichkeit des tschechischen Volkes unterstützte, zur politischen Situation in Böhmen. In seinem Werk *La Bohême depuis la Montagne-Blanche* vom 1903 beschreibt er die Beziehung zwischen Habsburgern (samt ihren Helfern, den Deutschen) und Tschechen als die zwischen Henkern und Märtyrern, wobei die Tschechen unter den tyrannischen Habsburgern leiden mussten und ihre Ausrottung befürchteten.[61] Hier muss hervorgehoben werden, dass die Identifizierung eines gemeinsamen Feindes (oder auch mehrerer) besonders viel zur Sensibilisierung der Individuen für die Wünsche und Rechte ihrer imaginierten Gemeinschaft beitrug, wie es auch in den weiter unten behandelten Nationalitätenkonflikten offenbar wird.

Eine interessante Episode in der Geschichte der sprachlichen Konfigurierung der Nationen stellt die vom galizischen Grafen Kasimir Felix von Badeni ausgelöste Krise dar. Als Ministerpräsident Cisleithaniens (1895–1897) erließ er 1897 eine Sprachenverordnung für Böhmen, gemäß der das Tschechische als zweite, mit dem Deutschen gleichberechtigte innere Dienstsprache zu gelten hatte. Die Vertreter der deutschen Nationalität sahen ihre Rechte dadurch bedroht und warnten vor den negativen, weitreichenden Auswirkungen einer solchen Maßnahme auf die deutschsprachigen Bürger der Monarchie, wobei es ihnen gelang, eine Großzahl der angeblich betroffenen Individuen zu sensibilisieren. Die deutschsprachigen Massen in mehreren Städten wurden außerdem von den reißerischen Beiträgen in der Presse aufgehetzt und organisierten Straßenproteste gegen die Verordnung, die auch zu Gewalttaten führten. Diese Ereignisse, in Folge deren die Tätigkeit des Reichsrats gestört wurde und Badeni letztendlich zurücktreten musste, erbringen einen Beweis für den großen Einfluss des national gesinnten Diskurses auf die durchschnittlichen Bürger, die sich bereit zeigten, um die ihnen durch diesen Diskurs gewährten Rechte öffentlich zu kämpfen. Was als Gleichberechtigung der zwei Landesprachen Böhmens gelten sollte, wurde als Angriff auf die deutsche Nationalität vorgestellt und mobilisierte somit die Massen im Namen politischer Interessen.[62]

59 Siehe z.B. Cybenko, Larissa (2001), S. 6.

60 Sie wurde auch vom außerhalb der habsburgischen Grenzen benutzt, um die Monarchie zu destabilisieren. Siehe dazu Csáky, Moritz (2002), S. 9.

61 Vgl. Hugelmann, Karl Gottfried (1934), S. 21.

62 Siehe mehrere Details zu dieser Episode in Judson, Pieter M. (2017), S. 400–406.

II.3.3. Wer die Wahl hat, hat die Qual: Wem gehört der Hybrid?

Wenn die Beschaffenheit der habsburgischen Einwohner in Betracht gezogen wird, scheint die Alternative eines pluralistischen Miteinanders, auf die vonseiten des Hofes und mehrerer Intellektuellen hingearbeitet wurde, geeigneter für ihr Siedlungsgebiet als die „Reinheit" anstrebende Nation.[63] Den vielen durch die Interferenz verschiedener Kulturräume resultierenden Hybriden fiel es äußerst schwer, sich in eine „reine" sprachliche, ethnische oder religiöse Kategorie einzugliedern.

Als Zentrum der Monarchie beherbergte die Stadt Wien eine äußerst heterogene Bevölkerung. Bereits am Ende des 18. Jahrhunderts wurde der gemischte Charakter der wienerischen Bevölkerung aufgezeichnet. Der ausländische Schriftsteller Johann von Pezzl schrieb dazu:

> „Was die innere unmerkbare Verschiedenheit der Bewohner Wiens betrifft, in dieser Rücksicht ist es wahr, daß keine Familie ihre einheimische Abstammung mehr bis in die dritte Generation hinaufführen kann. Ungarn, Böhmen, Mährer, Siebenbürgen, Steiermärker, Tiroler, Niederländer, Italiener, Franzosen, Bayern, Schwaben, Sachsen, Schlesier, Rheinländer, Schweizer, Westphälinger, Lothringer usw. wandern unaufhörlich in Menge nach Wien, suchen dort ihr Glück, finden es zum Teil, und naturalisieren sich. Die originalen Wiener sind verschwunden. Eben diese Mischung so vieler Nationen erzeugt hier jene unendliche Sprachenverwirrung, die Wien vor allen europäischen Plätzen auszeichnet."[64]

Natürlich kam es durch dieses Nebeneinander zu kulturellen Interferenzen, die in dem von uns untersuchten Zeitraum – aus den oben aufgeführten Gründen – besonders heftig waren. Um die Überlappung und gegenseitige Durchdringung von kulturellen Räumen zu beleuchten, analysiert Moritz Csáky unter anderem die Atmosphäre in den Wiener Kaffeehäusern. Hier trafen sich Angehörige unterschiedlicher Völker und auch unterschiedlicher Gesellschaftsschichten, die miteinander in vielfältigen Sprachen interagierten und über vielfältige Themen diskutierten.[65] An diese Treffpunkte erinnert sich Arthur Schnitzler Anfang des 20. Jahrhunderts nostalgisch: „So bildeten sich um mich Menschenkreise der verschiedensten Art, flossen ineinander, zerflossen wieder."[66] Solche Orte unterstützten daher den Transfer und die Übernahme fremder Elemente, die teilweise in das Selbst integriert wurden.

Der interkulturelle Austausch war aber keineswegs ein ausschließlich stadtbezogenes Phänomen. Im Rahmen des sogenannten „Kinder-Wechsels" verbrachten Kinder zwischen sechs und vierzehn Jahren ein paar Jahre in einer anderssprachigen Familie

---

63 Vgl. Csáky, Moritz/Feichtinger, Johannes/Karoshi, Peter/Munz, Volker (2006), S. 4.

64 Pezzl, Johann (1803), S. 28–29.

65 Siehe Csáky, Moritz (2010), S. 149–153.

66 Schnitzler, Arthur (2016), S. 80.

und wurden in dieser Zeit als Teil dieser Familie betrachtet.[67] Dieses inoffizielle Austauschprogramm, das meistens in ruralen vielsprachigen Gebieten oder in Grenzregionen betrieben wurde, hatte als funktionale Ziele die Beförderung der Zweisprachigkeit unter den Kindern und die Annäherung von Individuen unterschiedlicher Ethnien. All diese Auswirkungen sind in den Beschreibungen der daran Teilnehmenden ersichtlich:

> „Bis zu meinem zwölften Lebensjahre saß zur Schulzeit fast täglich an unserem Tische auch ein Fremder, der uns doch nicht fremd war. [...] Der tschechische Bube nannte natürlich meine Eltern Vater und Mutter, wie unsere Knaben die tschechischen Eltern Otec und Matka. [...] Zeitlebens blieben die Familien und die einzelnen Tauschkinder die besten Freunde und begrüßten sich auf das herzlichste, wenn man sich auf dem Wochenmarkte von Nikolsburg traf."[68]

Ähnlich wie im Kaffeehaus wurde das Andere auf diese Weise zum Mitmenschen und Träger von fremden Eigenschaften, die sich das Ich aneignen konnte. Bemerkenswert ist es, dass die Deutschsprachigen nicht nur Anbieter, sondern auch Empfänger in diesem Austauschprozess waren.

Die Folgen des kulturellen Handels wurden aber insbesondere im politischen Kontext nach 1848 auch als negativ empfunden, wobei die innerliche, individuelle Hybridität zur Last wurde. Hier muss auf die bereits behandelte Orientierungslosigkeit hingewiesen werden, die in den Grenzgebieten besonders spürbar war. Damit sind nicht nur die physischen, sondern auch die ideologisch konstruierten Grenzen z.B. in Bezug auf Sprache und Ethnie gemeint, an denen *„cultures of hybridity"*[69] entstanden. Je mehr gegensätzliche Elemente in einem Raum interagieren, desto komplizierter kann die Positionierung der Einzelnen werden, vor allem wenn diese von der Öffentlichkeit verlangt wird. In diesem Sinne bereiteten die cisleithanischen Volkszählungen, bei denen die habsburgischen Bürger eine einzige Umgangssprache angeben mussten,[70] große Schwierigkeiten.

Dieses Problem wird in der Erzählung von Carl Techet thematisiert, als sich der im galizisch-bukowinischen Grenzgebiet tätige k.k. Beamte Schneider mit dem betreffenden Fragebogen konfrontiert sieht:

> „Fassungslos saß der k.k. Beamte Schneider einst vor einem Fragebogen der Volkszählung, auf dem sich die rätselhafte Rubrik »Umgangssprache« befand. Das unheimliche Wort »Nationalität« war ja wieder glücklich vermieden worden – aber die Ausforschung nach der Umgangssprache lastete doch schwer auf ihm. Wie sollte er antworten? Zu Hause sprach er polnisch und manchmal ein wenig deutsch; mit Be-

67 Siehe im Detail Wolf, Michaela (2012), S. 98–102 oder Csáky, Moritz (2010), S. 84–85.

68 Karl Renner, *An der Wende zweier Zeiten*, zit. nach Csáky, Moritz (2010), S. 85.

69 Hall, Stuart (1992, S. 310.

70 Vgl. Wolf, Michaela (2012), S. 67–68.

> kannten, Verwandten und im Amte beide Sprachen und auch ruthenisch und rumänisch. Der Vorstand meinte, er könnte »polnisch« schreiben, denn im Amte und im Kaffeehaus hat man keinen Umgang und daher auch keine Umgangssprache – »weil sitzt man immär«. Herr Schneider wollte es jedoch mit keiner Seite verschütten und schrieb deshalb in der Rubrik Umgangssprache: »Neutral! Ist sich nicht gleich, wechselt«."[71]

Dieses Zitat soll erneut auf die individuelle Mehrsprachigkeit und Multikulturalität hinweisen, die für eine Großzahl der habsburgischen Bevölkerung kennzeichnend waren, und darauf basierend die Problematik – oder vielmehr die Unmöglichkeit – der Eingliederung ihrer hybriden Mitglieder in „reine" Nationalgruppen hervorheben.

Obwohl diese Umgangssprachenerhebungen ursprünglich zu administrativen Zwecken entworfen wurden, „um für sämtliche staatliche Belange ein einigermaßen verläßliches Bild der nationalen Verteilung der Bevölkerung zu gewinnen,"[72] sorgten sie für politischen Aufruhr und wurden gleichzeitig Teil der Nationalitätenfrage. Wegen der Unklarheit darüber, was unter Umgangssprache zu verstehen war und ob die bei der Volkszählung angegebene Sprache als Bekenntnis zu einer Nationalität galt,[73] mussten die habsburgischen „Hybriden" gründlich überlegen, bevor sie diese Rubrik ausfüllten. Dabei musste in Betracht gezogen werden, was für soziale oder kulturelle Vorteile einem Individuum und seiner Familie zukommen, wenn er sich zu einer bestimmten Umgangssprache bekennt. Da aber weite Teile der Bevölkerung die Umgangssprache als Indikator der Nationalität annahmen, erregten die Volkszählungen die Aufmerksamkeit der Befürworter der nationalen Ideologie, die diese administrative Handlung als eine Chance zur Verstärkung ihrer jeweiligen Nationen betrachteten.[74]

Angesichts der großen Anzahl der Hybriden, die sich trotz ihrer Mehrfachidentitäten zu einer einzigen Umgangssprache bekennen mussten, und der Tatsache, dass diese Angaben oft – auch wenn nicht offiziell – als Bekenntnis zur Nationalität interpretiert wurden,[75] können wir schlussfolgern, dass die cisleithanischen Volkszählungen zum Konfigurieren des nationalen Selbstverständnisses und zur Abgrenzung zwischen Völkern beitrugen. Die Verfestigung nationaler Identitäten[76] erfolgte somit nicht nur durch nationale Bestrebungen, sondern auch als Folge einer staatlichen Maßnahme.

71 Carl Techet, *Das ewige Oesterreich,* zit. nach Wolf, Michaela (2012), S. 363.

72 Brix, Emil (1982), S. 14.

73 Vgl. Stachel, Peter (2001), S. 6.

74 Siehe im Detail Brix, Emil (1982), z.B. S. 36–46.

75 Vgl. Brix, Emil (1982), S. 39.

76 Vgl. Wolf, Michaela (2012), S. 69.

II.3.4. Die Sprachenpolitik des kaiserlichen Hofes

In ihrer ganzen Herrschaftszeit arbeiteten die habsburgischen Monarchen auf die Gründung und Entwicklung eines wohlhabenden, innerlich gefestigten Großstaates hin, was sich auch in der kaiserlichen Sprachenpolitik widerspiegelt. Bis zur Mitte des 19. Jahrhunderts wurde im Einklang mit den Vereinheitlichungsbemühungen die Umsetzung des Deutschen als allgemeine Verkehrssprache angestrebt. Angesichts der stärker werdenden nationsformenden Kräfte mussten aber die sprachpolitischen Strategien im habsburgischen Raum nach dem Jahr 1848 durch Berücksichtigung des Prinzips der Gleichberechtigung ausgearbeitet werden, um dadurch den Weiterbestand des Gesamtstaates zu sichern. Im Rahmen monumentaler Umgestaltungen gemeinschaftlicher und staatlicher Strukturen des europäischen Raums sah sich Kaiser Franz Joseph (1848–1916) vor die riesige Aufgabe gestellt, seine Völker in Übereinstimmung mit dem Zeitgeist zufrieden zu stellen und sie doch von den Vorteilen ihrer weiteren Zugehörigkeit zum Kaisertum zu überzeugen.

II.3.4.1 Erobere und vereine! (Sprachenpolitik bis 1848)

Zur Erreichung ihres Ideals, sich als europäische Großmacht durchzusetzen, erweiterten die Habsburger ihr Herrschaftsgebiet durch die Einverleibung vielfältiger Regionen, deren Einwohner – im Gegensatz zu dem Großteil der ursprünglichen Bevölkerung der Monarchie – die deutsche Sprache nicht beherrschten.[77] Die Mehrsprachigkeit der zusammengebrachten Völker wurde von Seiten des kaiserlichen Hofes schon vor 1848 anerkannt und bei der Erarbeitung gesetzlicher und administrativer Vorschriften berücksichtigt, wobei aber eine Sprache, nämlich die Deutsche, den Vorrang genoss.

Um die Teile der Monarchie effizient koordinieren zu können, bedienten sich die Habsburger bis 1848 der Zentralisierung, die eine gewisse Nivellierung unter den verschiedenen Gebieten und ihre Verankerung im Zentrum bedeutete. Zu diesem Zweck wurde ein Staatsapparat gegründet, dessen Tätigkeiten und Verantwortungen so weit wie möglich einheitlich reglementiert wurden.[78] Auf diese Weise bemühten sich die Monarchen, ihre merkantilistische und später aufklärerische Denkweise in die staatlichen Institutionen zu gießen.

Um die reibungslose und transparente Kommunikation zwischen den Ämtern, Gerichten und anderen Anstalten, aber auch zwischen all diesen und dem Zentrum sicherzustellen, musste unvermeidlich die Frage einer gemeinsamen Sprache in Betracht kommen. In der habsburgischen Monarchie bestand – wie bereits gezeigt – ein reiches Angebot an Sprachen, die aber in den meisten Fällen erhebliche Mängel, insbesondere in Bezug auf Fachterminologie, hatten. Demzufolge hat sich der kaiserliche

77 Vgl. Kann, Robert A. (1964), S. 18.

78 Vgl. z.B. Fischel, Alfred (1910), S. XVII-XVIII und S. XXVIII-XXIX..

Hof für die Umsetzung des Deutschen als Amtssprache entschieden, das im Gegensatz zu dem Lateinischen eine lebende und dadurch auch eine entwicklungsfähige Sprache war.[79] Diese Qualitäten des Deutschen betrachteten die Habsburger als vielversprechend und erfolgsbringend.

Unter Maria Theresia (1740–1780) erfolgte eine Umgestaltung der Monarchie im Einklang mit dem aufklärerischen Geist. Charakteristisch für die habsburgische Sprachenpolitik ab ihrer Regierungszeit und bis zur Mitte des 19. Jahrhunderts war eine Doppelgleisigkeit, die einerseits die Pflege der nichtdeutschen Sprachen durch Erteilung von Unterrichten in der Muttersprache[80] unterstützte und andererseits den Ausbau des Deutschen[81] und seine Durchsetzung als offizielle Verkehrssprache und Bindemittel zwischen den Stämmen förderte. In diesem Sinne plädierte Staatsrat Tobias Freiherr von Gebler 1780 für die Verbreitung des Deutschen mit Hilfe des Schulwesens:

> „Ich halte die Nebeneinführung der deutschen Sprache eben durch die Schulen sowie in Hungarn als auch in Galizien für höchst nützlich. Der Staat muss darauf arbeiten, nach und nach ein Volk zu werden."[82]

Die Reformen Maria Theresias in den Bereichen Schule, Justiz und Verwaltung wurden von ihrem Sohn Joseph II. fortgesetzt, der sich besonders für die Annäherung der habsburgischen Völker und für die Verstärkung des Gesamtstaates engagierte. Zu diesen Zwecken beschloss er das Deutsche als alleinige Geschäftssprache des Reiches einzusetzen. Als ersten Schritt ersetzte er das Lateinische durch das Deutsche an den Universitäten und rechtfertigte diese Maßnahme dadurch, dass Latein eine tote, den meisten BewohnerInnen der Monarchie unbekannte Sprache war. In Verbindung dazu folgte die Verordnung vom 18. Mai 1784, in der das Deutsche – durch die Entfernung des Lateinischen – als ausschließliche Rechts- und Verwaltungssprache in Ungarn und Siebenbürgen festgesetzt wurde.[83] Dies hat der Monarch mit Bezug auf das Ideal der Einheitlichkeit motiviert:

> „Wie viele Vortheile aber dem allgemeinen Besten zuwachsen, wenn nur eine einzige Sprache in der ganzen Monarchie gebraucht wird, und wenn in dieser allein die Geschäfte besorgt werden, dass dadurch alle Theile der Monarchie fester untereinander verbunden und die Einwohner durch ein stärkeres Band der Bruderliebe zusammengezogen werden, wird ein jeder leicht einsehen [...]"[84]

79 Vgl. Haslinger, Peter, S. 83.

80 Vgl. Ebd., S. 86.

81 Vgl. Ebd., S. 84.

82 Zitiert nach Fischel, Alfred (1910), S. XXXIV.

83 Vgl. Ebd., S. XL-XLI.

84 Zitiert nach Ebd., (Anm. 12), S. XLI.

Am 1. Dezember 1785 wurde die Ausschließlichkeit des Deutschen als Gerichtssprache auch in Galizien und am 26. März 1787 in den italienischen Gebieten reglementiert. Sogar die bis dann betriebenen Übersetzungen der gesetzlichen Vorschriften in die Landessprachen wurden als überflüssig eingestuft, da alle BewohnerInnen der Monarchie – mit Ausnahme der Bauern – jetzt zum Erlernen des Deutschen verpflichtet waren.[85]

Diese sprachlichen Maßnahmen Josephs II. mussten aber wegen breiten Aufruhrs bald widerrufen werden,[86] weshalb die habsburgische Sprachenpolitik zu ihrer vorherigen Doppelgleisigkeit zurückkehrte.

II.3.4.2 In der Vielfalt liegt die Stärke! (nach 1848)

Unter dem Einfluss der aufklärerischen Denkweise und der französischen Revolution keimte in den unterschiedlichen Völkern der Monarchie die Hoffnung auf regionale (und später nationale) Selbstbehauptung und Autonomie, die durch die revolutionären Bewegungen des Jahres 1848 zum Ausdruck gebracht wurde. Jedes Volk kämpfte um die Anerkennung seiner eigenen Rechte und dies bedeutete eine gewisse Machtübertragung vom kaiserlichen Hof auf die einzelnen Länder. Genauer gesagt wurde statt des bisher geförderten Zentralismus ein Föderalismus angestrebt, durch den die habsburgischen Länder ihre Autonomie genießen und ihre Muttersprachen mehr fördern und gebrauchen könnten. Diese Dezentralisierung, zusammen mit der Einführung einer Verfassung, die die Grundrechte festlegte, gehörte zu den Maßnahmen, die von allen Völkern einstimmig gefordert wurden.[87] Den Ernst der Lage und die Bedrohung für den Weiterbestand des Kaisertums begreifend stimmte die Krone dieser Erneuerung des Habsburgerreichs zu, wobei das Prinzip der Gleichberechtigung[88] als Leitfaden dienen sollte, wie es die Worte des Kaisers Ferdinand vom 20. Oktober 1848 bestätigen: „Die gleiche Berechtigung aller [Nationalitäten] ist Unser Zweck, den Wir mit den Uns zu Gebote stehenden Mitteln auf der Grundlage der konstitutionellen Gesetze auch in den zur ungarischen Krone gehörigen Ländern verwirklichen wollen."[89] Am 2. Dezember 1848 bekennt sich auch Franz Joseph bei seiner Thronbesteigung zur praktischen Umsetzung der Gleichberechtigung aller Völker, indem er seine auf Deutsch gehaltene Rede in *mährischer* Sprache ergänzte:

> „Ich habe allen Nationalitäten freie Entwicklung und gleiche Berechtigung zugesagt, und werde mein Versprechen zu erfüllen wissen. Welcher Sprache sich die Völker

85 Vgl. Ebd., S. XLII.

86 Vgl. Ebd., S. XLIII-XLIV.

87 Vgl. Hugelmann, Karl Gottfried (1934), S. 39–40.

88 Gerald Stourzh thematisiert die Umsetzung der Gleichberechtigung und ihre Auswirkungen in seinem Buch *Die Gleichberechtigung der Nationalitäten in der Verfassung und Verwaltung Österreichs 1848–1918* ausführlich.

89 Zitiert nach Stourzh, Gerald (1985), S. 20.

dieses großen Reiches bedienen mögen, Ich vertraue, daß sich alle als treue Söhne des Gesamtvaterlandes bekennen und bewähren werden."[90]

Durch diese Zielsetzung markiert das Jahr 1848 eine deutliche Wende in der habsburgischen Nationalitäten- und somit Sprachenpolitik. Die Maßnahmen zur Befolgung des Postulats der Gleichberechtigung und die daraus entstandenen Prozesse, die ab diesem Zeitpunkt Aufschwung nahmen, wurden nur während des Neoabsolutismus teilweise gebremst. In dieser Inkubationszeit[91] erfolgte eine Rückkehr zur Beförderung des Deutschen als vorrangige staatliche Sprache, deren Erlernung gewisse Vorteile versprach,[92] was aber nicht mit deutschnationalen Idealen, sondern eher mit einer Sorge um den Zusammenhalt und die Großmachtstellung der Monarchie in Verbindung zu bringen ist.[93] Diese Art von Regierung konnte aber – auch angesichts des gesamten europäischen Kontextes – nicht lange andauern und die 1848 angebahnten Reformen konnten bald ihren Kurs wieder aufnehmen.

Auf dem Kremsier Verfassungsentwurf aufbauend wurde das Gleichberechtigungsprinzip im Artikel 5 der Märzverfassung vom 1849 gesetzlich verankert:

„Alle Volksstämme sind gleichberechtigt und jeder Volksstamm hat ein unverletzliches Recht auf Wahrung und Pflege seiner Nationalität und Sprache."[94]

Eine konkrete Maßnahme zur Verwirklichung dieses Prinzips wurde im kaiserlichen Patent vom gleichen Tag (4. März 1849) angekündigt, nämlich die gleichzeitige Herausgabe von *Reichs-Gesetz- und Regierungsblättern* in allen landesüblichen Sprachen der Monarchie.[95] Das Hauptziel der mehrsprachigen Ausgaben war die reichsweite Verbreitung der gesetzlichen Regelungen, so dass alle BewohnerInnen der habsburgischen Gebiete ungeachtet ihrer Muttersprache Zugang zu ihnen haben konnten.

In der cisleithanischen Verfassung vom Dezember 1867 wird Art. 5 der ehemaligen Verfassung unter Art. 19 wie folgt ergänzt:

(Abs. 1) Alle Volksstämme des Staates sind gleichberechtigt, und jeder Volksstamm hat ein unverletzliches Recht auf Wahrung und Pflege seiner Nationalität und Sprache.

(Abs. 2) Die Gleichberechtigung aller landesüblichen Sprachen in Schule, Amt und öffentlichem Leben wird vom Staate anerkannt.

(Abs. 3) In den Ländern, in welchen mehrere Volksstämme wohnen, sollen die öffentlichen Unterrichtsanstalten derart eingerichtet sein, daß ohne Anwendung eines

90 Ebd., S. 30.

91 Haslinger, Peter, S. 97.

92 Vgl. Ebd., S. 96–97.

93 Vgl. Stourzh, Gerald (1985), S. 42.

94 Zit. nach Ebd., S. 33.

95 Siehe Slapnicka, Helmut (1974), S. 440.

Zwanges zur Erlernung einer zweiten Landessprache jeder dieser Volksstämme die erforderlichen Mittel zur Ausbildung in seiner Sprache erhält.[96]

Heftige Kontroversen entstanden hinsichtlich der Ausführbarkeit des Artikels 19, wobei dieser sogar als Verheißungsgesetz eingestuft wurde. Sowohl das Reichsgericht als auch der Verwaltungsgerichtshof vertraten die Idee, dass der Artikel weitere Detailbestimmungen benötigte, um richtig ausgeführt werden zu können. Die Unklarheiten betrafen unter anderem den Unterschied – wenn es überhaupt einen gab – zwischen *Landessprache* und *landesüblicher Sprache* und die Tatsache, dass der Gesetzestext die Gleichberechtigung vorschrieb, ohne aber zu erklären, woraus genau diese bestand.[97] Dies führte zu heißen Debatten und zu offenen Konflikten zwischen den habsburgischen Völkern, die bis zum Zusammenbruch der Monarchie ausgetragen wurden.

II.3.5. Der Nationalitätenkampf um Gleichberechtigung

Das im heterogenen Habsburgergebilde bereits existierende Konfliktpotenzial wurde von den Bestrebungen zur Verwirklichung des Gleichberechtigungsprinzips paradoxerweise gestärkt. Die unterschiedlichen Einstellungen zur Konkretisierung dieses mehrseitig angestrebten Ideals lösten heftige Kontroversen aus, insbesondere in Bezug auf die öffentlichen Bereiche Justiz, Verwaltung und Schule, wobei meistens gegen die Nichtbeachtung der gesetzlich vorgeschriebenen sprachlichen Gleichstellung gerichtlich geklagt wurde.

Um das Ausmaß dieser Nationalitätenkonflikte zu begreifen, die vor allem den sprachlichen Ausgleich betrafen und sich somit in Sprachenkonflikte umwandelten, genügt eine Lektüre des Buches *Die Gleichberechtigung der Nationalitäten in der Verfassung und Verwaltung Österreichs 1848–1918*, in dem Gerald Stourzh die entsprechenden gesetzlichen Neuerungen, die Maßnahmen zu ihrer Umsetzung und die Reaktion der habsburgischen Bevölkerung systematisch analysiert. Der Autor gibt bereits in der Einführung an, dass Art. 19 der Dezemberverfassung von 1867 „zum meistgenannten, meistumstrittenen und meistinterpretierten Artikel"[98] des Grundgesetzes wurde. Ein Grund dafür war die Tatsache, dass nicht erklärt wurde, was unter „Gleichberechtigung" zu verstehen sei. Die verschiedenen nationalorientierten Gruppierungen interpretierten somit den Begriff gemäß ihren eigenen Interessen, die letztendlich auf die Erlangung von Macht abzielten. Darauf hatte der ungarische Politiker Josef von Eötvos schon im Jahr 1850 hingewiesen: „Die Grundlage aller nationalen Bewegungen ist

96 Zit. nach Stourzh, Gerald (2003), S. 1014.

97 Vgl. Baier, Dietmar, (Anm. 9), S. 22–26.

98 Stourzh, Gerald (2003), S. 8–9.

das Gefühl höherer Begabung, ihr Zweck ist Herrschaft."[99] Um ihr Ziel zu erreichen, konzentrierten sich die manchmal selbsternannten Vertreter der Nationen auf die Geltendmachung ihrer Rechte in den wichtigsten Bereichen des öffentlichen Lebens.

Sowohl in den juristischen als auch in den administrativen Institutionen musste das Postulat der Gleichberechtigung gesetzmäßig befolgt werden. Dadurch entstanden aber zahlreiche Konflikte zwischen zusammenwohnenden Völkern, da in den meisten Teilen der Monarchie die lokale Majorität die Rechte der Minorität zu beschränken versuchte,[100] um ihre eigene Machtstellung zu festigen.

Beschwerden darüber wurden nicht nur in Bezug auf Rechts- und Verwaltungssprache, sondern auch in Bezug auf die Sprachverwendung im Schulwesen eingereicht. Im Rahmen der nationalen Erhebungen konnten die Schulen als Pflanzstätte für zukünftige treue Söhne der jeweiligen Nationen dienen. Es wurde somit darum gekämpft, Nationalitätenschulen zu gründen, in denen die Nationalitätensprache als Unterrichtssprache zu verwenden war. „In gemischten Gebieten", so Stourzh, „galt jede Schule mit der »eigenen« Unterrichtssprache als Instrument zur Wahrung und auch Mehrung des eigenen Besitzstandes, jede Schule mit der »anderen« Unterrichtssprache als Waffe in der Hand des nationalen Gegners."[101]

Um die Idee der einsprachigen Schulen zu unterstützen, wurden im 19. Jahrhundert philosophische und pädagogische Theoreme entwickelt, die die Mehrsprachigkeit als schädlich darstellten.[102] Auf deren Basis konnte in der zweiten Hälfte des 19. Jahrhunderts gegen den *Sprachenzwang*[103] gekämpft werden, wobei die erzwungene Erlernung einer zweiten Landessprache als Verletzung der nationalen Rechte[104] betrachtet wurde. Besonders relevant für unser Thema ist die Tatsache, dass die Errichtung von Nationalitätenschulen nur von Personen gefordert werden konnte, die sich zu der entsprechenden Nationalität bekannten.[105] Um ihre Gleichberechtigung im habsburgischen Schulbildungssystem zu genießen, mussten die Bürger also ihre nationale Identität definieren und öffentlich verkünden.

Die zahlreichen Streitfälle, die um das Gleichberechtigungsprinzip entstanden, wurden in dem Reichs- und Verwaltungsgerichtshof diskutiert und gelöst, wobei sich

99 Zit. nach Ebd., S. 37.

100 Vgl. Ebd., S. 113.

101 Ebd., S. 167.

102 Siehe z.B. Burger, Hannelore (1995), S. 26.

103 Siehe z.B. Ebd., S. 29.

104 Relevant in diesem Sinne ist der bereits behandelte Fall Badeni. Die von Badeni vorgeschriebene Gleichberechtigung des Tschechischen und des Deutschen in Böhmen wurde als Angriff auf die deutschsprachige Bevölkerung interpretiert. Eine solche Maßnahme hätte bedeutet, dass all diejenigen, die sich für eine Beamtenstelle interessierten, gezwungen waren, eine zweite Sprache zu erlernen. Siehe dazu Kapitel II.3.2 dieses Buchs oder im Detail Judson, Pieter M. (2017), S. 400–406, insb. S. 401–402.

105 Vgl. Stourzh, Gerald (2003), S. 174.

eine minderheitenfreundliche Praxis von Seiten der Höchstgerichte entwickelte.[106] Angesichts der unterschiedlichen sprachlichen und ethnischen Gestaltung der habsburgischen Kronländer wurden keine allgemeinen Regelungen für das ganze Reich festgelegt, sondern immer wieder „bloß von Fall zu Fall, von Kronland zu Kronland"[107] Entscheidungen getroffen, was zu einer weiteren Differenzierung in der Monarchie beitrug.

Im Laufe der Zeit wurde das persönliche Bekenntnis zu einer bestimmten Nationalität immer wichtiger,[108] was die Reflexion der Bevölkerung sowohl über ihre individuelle als auch über ihre kollektive Identität veranlasste. Um sich ihrer Rechte zu bedienen und von den Anderen nicht unterdrückt zu werden, bemühten sich die Völker, vor allem ihre kollektive Identität zu definieren und zu festigen. Dies führte aber auch „zu tiefgreifenden Entfremdungen und kultureller Segregation"[109] und nährte einen Hass gegen den Anderen. Obwohl die Gleichberechtigung als Prinzip des friedlichen Miteinanders erdacht wurde, erwies sich ihre praktische Umsetzung als besonders problematisch in einem Kontext, wo unterschiedliche Gruppen ihren Anteil an der staatlichen Macht anstrebten.

106 Siehe z.B. Ebd., S. 116 und 167–168.

107 Ebd., S. 39.

108 Siehe z.B. Ebd., S. 205.

109 Burger, Hannelore (1995), S. 28.

Kapitel III: Die Bukowina als Bühne der Vielfalt

Am östlichen Rande der von Pluralitäten geprägten Habsburgermonarchie entstand ab 1775 eine neue, mannigfaltige Kulturlandschaft - die österreichische Bukowina. Von besonderem Interesse für unsere Forschung ist das sich hier herausbildende mehrsprachige Milieu, in dem das Deutsche und das Rumänische Hauptrollen spielten. Die von uns anvisierte Sprachenkonstellation in der Bukowiner Justiz und Verwaltung lässt sich mit der Berücksichtigung des Werdegangs dieses Kulturraums umfassender erklären, da der Sprachengebrauch in diesen zwei Bereichen durch die daran beteiligten Elemente und Prozesse bedingt war.

Die umfassende Literatur, die während aber auch nach der Habsburgerherrschaft über das Buchenland geschrieben wurde, und die darin widergespiegelten teilweise oder komplett gegensätzlichen Einstellungen der Autoren bestätigen die Eignung des Bukowiner Kulturraums für den von uns gewählten methodologischen Ansatz. Im untersuchten Rahmen stecken Mehrdeutigkeiten, die es sich lohnt zu beleuchten.

Wahrnehmungsunterschiede sind keine Besonderheit, wenn wir annehmen, dass jedes Individuum die Realität auf eigene Weise filtert, verinnerlicht und schildert. Im Falle der Bukowina wirkten neben der Subjektivität und den Interessen jedes Einzelnen auch die kraftvollen Energien, die als Folge der nationalen Bewegungen entstanden, auf den Empfang und die Überlieferung von Informationen. In diesem Sinne sollen in Anlehnung an Bhabhas Studien zwei „große Erzählungen" in Bezug auf die Bukowina hinterfragt werden, um ein möglichst objektives Bild der damaligen Verhältnisse zu gewinnen: eine, die das Kronland als Oase des friedlichen konfliktfreien Miteinanders bezeichnet, und eine andere, in der die Bukowina durch ihre Eingliederung in die Habsburgermonarchie zu einer Art „Miniatur-Völkerkerker" wurde.

III.1. Die Herausbildung eines hybriden Kulturraums

1775 erweiterten die Habsburger ihr Herrschaftsgebiet im Osten durch die Angliederung der Bukowina auf friedliche Weise. Die bereits von zwei mehrheitlichen Völkern, und zwar RumänInnen und RuthenInnen, bewohnte Region übte nach der Annektierung eine immer stärkere Anziehungskraft auf Individuen innerhalb und außerhalb der Monarchie aus. Dies verdankte sich einer aufgeklärten und toleranten Haltung der Regierung und löste teilweise kontrollierte, teilweise schwer zu bewältigende[110] Migrationswellen aus, die zu einer Vermehrung der eher dünnen Bevölke-

110 Siehe z.B. Scharr, Kurt (2010), S. 187–188.

rung[111] des Buchenlandes und gleichzeitig zu ihrer Diversifizierung führten.[112] Auf diese Weise kamen nicht nur andersstämmige Menschen, sondern zugleich auch unterschiedliche Kommunikationsräume in Berührung. Die Bukowina umfasste somit mehrere interferierende, überlappende und gewissermaßen gegensätzliche Referenzsysteme, deren Interaktion sowohl in privaten, als auch in öffentlichen Bereichen Folgen hatte.

Gemäß einer Volkszählung bestand die Bevölkerung im Jahr 1910 aus RumänInnen, RuthenInnen, Juden und Jüdinnen, Deutschen, PolInnen, UngarInnen, SlowakInnen, ArmenierInnen, LippowanerInnen und ZigeunerInnen[113] und stellte somit ein äußerst heterogenes Miteinander dar. Ein ähnliches Bild wies die Hauptstadt Czernowitz mit seiner ethnisch bunten Bevölkerung (Juden und Jüdinnen, UkrainerInnen, PolInnen, RumänInnen und Deutsche[114]) aus. Da die Angehörigen der unterschiedlichen Volks- und Sprachgruppen häufig in Kontakt kamen, mussten sie zueinanderfinden und neue Kommunikationsmuster entwickeln. Dadurch überschritten sie die Grenzen des eigenen Kulturraums, konnten sich Elemente unterschiedlicher Welten aneignen und sich dadurch mehrere Identitäten schaffen, was eine höhere Mobilität und eine besondere kulturelle Produktivität förderte.

Ein interessantes Bild des pluralistischen Miteinanders in der Bukowina wird von dem Rumänen Theophil Bandella gemalt:

> „Dieses Land wird von den verschiedenartigsten Völkerschaften bewohnt, die nicht wie in anderen Ländern unmerklich ineinander verschmolzen, sondern die durch Religion, Sprache, Sitten und Charakter scharf gesondert sind; und kaum dürfte es ein zweites Ländchen von so kleinem Flächeninhalte geben, das so viele Völker und Religionen nebeneinander in geübter Eintracht leben sieht."[115]

Dabei wird das Buchenland als eine Oase dargestellt und dies dürfte der Wahrnehmung mancher damaliger BukowinerInnen entsprechen, doch, wie auf den folgenden Seiten ersichtlich wird, sollte Bandellas Einschätzung mit kritischer Vorsicht betrachtet werden. Erstens trifft seine Beschreibung der Bukowiner Völker als getrennte, nicht ineinander fließende Gemeinschaften nicht völlig zu. Natürlich bewahrten diese – in unterschiedlichen Ausmaßen – ihre jeweilige Eigenart, aber zwischen ihnen erfolgte ein intensiver kultureller Austausch, der eine gegenseitige Beeinflussung bedingte. Andererseits erscheint das Bild des harmonischen Zusammenlebens eher idealistisch,[116] wenn wir annehmen, dass in diesem Raum die Interaktion mit dem Anderen nicht rei-

111 Über die wenigen BewohnerInnen der Region schreibt auch Kaiser Joseph II. im Jahr 1783 nach seiner Reise durch die Bukowina. Siehe dazu Wagner, Rudolf (1991) S. 7.

112 Siehe im Detail Turczynski, Emanuel (1993), S. 27–41.

113 Vgl. Wagner, Rudolf (1991), S. 140

114 Vgl. Csáky, Moritz (2010), S. 310.

115 Theophil Bandella, zitiert nach Guţu, George (2002), S. 11.

116 Vgl. Ebd., S. 11.

bungslos verlief. Am Anfang der habsburgischen Verwaltung zeigte zum Beispiel die rumänische Bevölkerung der Bukowina ein gewisses Misstrauen gegenüber den neuen Herrschern[117] und hatte auch Vorurteile gegenüber den anderen hier niedergelassenen Völkern.[118] Der Zusammenprall vom Eigenen und Fremden leitete auch auf Bukowiner Boden Abwehrmechanismen durch Abwertung des Unvertrauten ein.

III.2. Das Bukowiner Wir

Um das individuelle und kollektive *Selbst* in diesem heterogenen Kontext zu definieren, musste das unmittelbar stehende *Andere* unbedingt wahrgenommen und interpretiert werden. In Übereinstimmung mit Lacans und Bhabhas Ansichten erfolgte also die Konstruktion der Identitäten „durch die Integration des Anderen in das Selbst".[119] Besonders wichtig war dabei, ob der Fokus auf Gemeinsamkeiten oder auf Unterschiede gerichtet wurde, ob also der Andere als Mitmensch oder als Fremder[120] betrachtet wurde. Die Einstellung zum Unbekannten war folglich entscheidend für die Konstituierung eines kooperierenden, kompromissbereiten Miteinanders oder eines konfliktgeladenen Gegeneinanders der Bukowiner Bevölkerung.

Die aufgeklärten Monarchen führten ihre Reformen in der Bukowina mit gewisser Vorsicht ein,[121] um das Vertrauen der Untertanen zu gewinnen und Auswanderungen zu verhindern. Die Toleranz des kaiserlichen Hofes bezüglich Religion, Ethnie und Sprache wirkte sich höchstwahrscheinlich auch auf die Einstellungen der Untertanen zu ihren Mitmenschen aus und trug dazu bei, dass die Bukowina auch nach Herauskristallisierung der Nationalitäten zu den „national gesehen ... ruhigsten"[122] Ländern Cisleithaniens gehörte. Dabei spielte auch die Kirche, als wichtige Obrigkeit, eine Vermittlerrolle, indem sie Friedensbotschaften[123] im Namen der Regierung verbreitete. Nach Ansicht von Emil Brix lässt sich das ruhige Miteinander auch dadurch erklären, dass die zwei zahlenmäßig starken Nationalitäten, die RumänInnen und die RutheNInnen, „geschichtslos"[124] waren, dass sie also vorher über keine große historische Macht verfügten und eine wenig entwickelte Nationalkultur hatten.

In diesem Raum gewann das Bukowiner Deutschtum schnell an Wert und Ein-

117 Siehe z.B. Detail Turczynski, Emanuel (1993), S. 28 oder 42.

118 Siehe im Detail Colin, Amy-Diana (2017), S. 78.

119 Struve, Karen (2013), S. 24.

120 Michael Metzeltin betont die Relevanz dieser Betrachtungsweisen für die Ausbildung einer Gesellschaft in *Identität und Sprache: Eine thesenartige Skizze* (2002), S. 2.

121 Vgl. Turczynski, Emanuel (1993), S. 27–28.

122 Berthold Sutter, zit. nach Turczynski, Emanuel (1993), S. 153.

123 Zum Beispiel durch den Hirtenbrief vom Juni 1790. Siehe dazu Ceaușu, Mihai-Ștefan (1998), S. 198–199.

124 Brix, Emil (1982), S. 389.

fluss und das zum Teil weil die habsburgische Regierung vor allem die Ansiedlung deutscher Einwanderer in der Region förderte, die eine zivilisatorische Aufgabe zu erledigen hatten.[125] Die kolonisatorischen Absichten der neuen Machthaber sind unter anderem in den Landbeschreibungen identifizierbar, die vom ersten Verwalter der habsburgischen Bukowina, General Splenyi von Mihaldy, und von Kaiser Franz in Folge ihrer Reisen verfasst wurden[126] und in denen die autochthone Bevölkerung und ihre Lebensbedingungen als wild erscheinen. Dabei machte Kaiser Franz einen deutlichen Unterschied zwischen *uns* (Vertreter der westlichen Zivilisation) und *ihnen* (denjenigen, die es zu zivilisieren gilt).[127] General Enzenberg beschrieb 1783 das im Buchenland wohnende Volk als „finster und roh – doch gutherzig"[128] und ergänzte dadurch das Bild der in die Monarchie zu integrierenden Anderen. Dazu wurden die Bukowiner RumänInnen im Bukowina-Band (1899) des Werkes *Die Österreichisch-Ungarische Monarchie in Wort und Bild* als »edle Wilde«[129] dargestellt. Wie betrachtete aber die autochthone Bevölkerung die sich in der Region installierenden Anderen?

Im Gegensatz zu dem von Moritz Csáky illustrierten Wiener Raum, in dem die Deutschen Einheimische waren und sich wegen des sozio-kulturellen Aufstiegs der zugewanderten „fremden" Völker – vor allem Tschechen – verunsichert fühlten,[130] war das Buchenland ein Raum, in dem die Deutschen Fremde waren, denen aber ein positives Bild – das der Zivilisatoren – zugeordnet wurde. Dies begünstigte die Durchsetzung der deutschsprachigen Gemeinschaft als Hauptkulturträger, was aber auch dem hohen Entwicklungsniveau des Deutschen im Vergleich zu den anderen landesüblichen Sprachen und der im vorherigen Kapitel präsentierten kaiserlichen Sprachenpolitik zu verdanken war.

In diesem pluriethnischen Rahmen, in dem das gegenseitige Verständnis und die Zusammenarbeit aller Bürger gepflegt und ermutigt wurde und in dem keine Volksgruppe die absolute Mehrheit hatte, entwickelte sich mit der Zeit ein regionales Bewusstsein,[131] eine kollektive Identität, die vielseitige Differenzen in sich trug. Wir könnten annehmen, dass die Herausbildung dieses Bewusstseins gleich mit der Eingliederung in der Monarchie angebahnt wurde, als die Region ihren Namen „Bukowina" bekam, und dass sie sich intensivierte, als die BukowinerInnen 1780 sich gegen

125 Siehe z.B. Turczynski, Emanuel (1993), S. 30–33, und Wagner, Rudolf (1991), S. 140.

126 Vgl. Corbea-Hoişie, Andrei (2003), S. 15.

127 Vgl. Ebd.

128 Enzenberg – Instruktionen für die Viertelsdirektoren, Czernowitz 17. V. 1783, zitiert nach Scharr, Kurt (2010), S. 155.

129 Vgl Hryaban, Viktoriya (2005), S. 8.

130 Siehe im Detail Csáky, Moritz (2010), S. 170.

131 Ausführliche Informationen zum Bukowiner Bewusstsein befinden sich u.a. in Turczynski, Emanuel (1993).

den Anschluss an Galizien wehrten,[132] wobei sie – mit Ausnahme eines Teils der Ruthenen – einen gemeinsamen Fremden/Feinde in Galizien identifizierten. Diese Differenzierung vom galizischen Anderen trug somit zur Bestimmung der eigenen Identität bei.

Die Konfigurierung eines Gemeinschaftsgefühls, zu der die gemischten Schulen erheblich beigetragen haben, begünstigte die Prägung von toleranten Kulturmenschen, die sich nicht von sprachlichen, ethnischen oder religiösen Grenzen einschränken ließen, sondern über diese hinweg miteinander verkehrten. Diesbezüglich schreibt Andrei Corbea-Hoişie über die Entstehung eines Models des „homo austriacus" in den letzten Jahrzehnten des 19. Jahrhunderts vor allem in Czernowitz als Alternative zum nationalen Referenzsystem.[133] Diese Individuen wurden von der „übernationale[n] liberale[n] Czernowitzer Kultur deutscher Sprache"[134] gestaltet und pflegten diese wiederum. Für ihre Bezeichnung wurde auch der Begriff „homo bucovinensis"[135] benutzt, der nicht nur auf eine regionale Identität und ein regionales Bewusstsein hinweist, sondern auch auf einen Prototyp des habsburgischen Bürgers, der mindestens zwei Sprachen (darunter unbedingt Deutsch) beherrschte und für den ethnische und religiöse Unterschiede irrelevant waren. Solche aus der kulturellen Interferenz resultierende habsburgische Bürger regten den kulturellen Austausch an und beschleunigten die im Land stattfindenden Modernisierungsprozesse, wobei die deutsche Sprache insbesondere im öffentlichen Bereich als Bindemittel fungierte.

Auf diese Weise konnte sich die Bukowina zu einem blühenden Land entwickeln, das sich kulturell von seinen Nachbarn deutlich abhob. Dies wurde damals von vielen Schriftstellern und anderen Persönlichkeiten der Zeit wiederum mit dem von Wien ausgeübten missionarischen Einfluss in Verbindung gebracht, die – wie Andrei Corbea-Hoişie aufzeigt – die Bukowina und vor allem ihre Hauptstadt Czernowitz als »Westen im Osten« imaginierten: „»Der Westen im Osten« ist hier ein Abbild deutscher Kultur und zählt die unbestrittene Vorherrschaft der deutschen Sprache zu seinen wichtigsten Merkmalen."[136] In dem damaligen derart gestalteten Diskurs, – der sich aber auch nach 1918 z.B. bei Rudolf Wagner[137] feststellen lässt, – erschien Czernowitz als eine deutsche Stadt, was gewissermaßen auch stimmte. Nicht nur die Sprache,

---

132 Details über den Widerstand der BukowinerInnen befinden sich z.B. bei Ceauşu, Mihai-Ştefan (1998), S. 86.

133 Siehe Corbea-Hoişie, Andrei (2003), S. 35.

134 Ebd.

135 Im untersuchten Zeitraum erschienen auch negative Darstellungen seiner Eigenschaften, die als gegensätzlich zum nationalen Gewissen wahrgenommen wurden. Siehe z.B. Olaru, Marian/Purici, Ştefan (2002), S. 370.

136 Corbea-Hoişie, Andrei (2003), S. 18. Siehe im Detail S. 13–28: *Czernowitz: der imaginierte »Westen im Osten«.*

137 Wagner kritisiert z.B. den Angriff gewisser Rumänen gegen die Habsburger wie folgt: „Vom <Jugul austriac> (österreichischen Joch) war hier die Rede, obwohl Wien den neuen Machthabern ein aus dem Nichts geschaffenes reiches Erbe hinterließ." – Siehe dazu Wagner, Rudolf (1991), S. 106.

die auf den Straßen zu hören war, verlieh der Hauptstadt diesen deutschen Charakter, sondern auch die deutsche Architektur, die deutsche Kunst und die deutschen Bräuche,[138] denen man hier begegnete.

Der Wohlstand des Kronlandes als Resultat der deutschen Einwirkung wird unter anderem 1875 vom österreichischen Schriftsteller Karl Emil Franzos aus Anlass seiner Reise zur Eröffnungsfeier der Czernowitzer Universität beschrieben: "Wer da einfährt, dem ist seltsam zumute: er ist plötzlich wieder im Westen, wo Bildung, Gesittung und weißes Tischzeug zu finden sind. Und will er wissen, wer dies Wunder vollbracht, so lausche er der Sprache der Bewohner: sie ist die deutsche."[139] Franzos betrachtet die hier errungenen Fortschritte als Folge der Kolonisierungspolitik[140] Josephs II., der tatsächlich der Initiator und eine Weile Koordinator dieser Modernisierungsarbeiten war, und lobt diesen für seine Leistung. Die aufblühende Bukowina können wir aber dazu noch als das Ergebnis gemeinsamer Bemühungen aller dort miteinander wohnenden Völker ansehen, die teilweise getrennt – durch Pflege einer eigenen Sprache und Kultur, – aber zum großen Teil auch zusammen – durch ständige Interaktion und Kooperation – ihren Beitrag zur geistlichen und auch wirtschaftlichen Erhebung der Region leisteten.

1919 fordert Eugen Herzog, der Dekan der Philosophischen Fakultät der Czernowitzer Universität, seine Studenten auf, das friedliche Miteinander in einem Raum der Differenz zu bewahren. Dabei lobte er die vorherigen Errungenschaften der pluriethnischen Lehranstalt und befürwortete die gegenseitige Toleranz.[141] Die Erhaltung der hier geknüpften interethnischen Bindungen war aber keine leichte Aufgabe,[142] da die Annektierung der Bukowina durch Rumänien eine öffentlich geführte Rumänisierung mit sich brachte, die den Ausschluss der anderen Nationalitäten von allen Machtpositionen einbezog.

Die Rumänisierungsmaßnahmen lassen sich zum Beispiel im Falle der Lehrkräfte des Czernowitzer Universität veranschaulichen, die 1919 in Ruhestand gezwungen wurden. Um die Wiedererlangung ihrer Stellen durften sich nur diejenigen bewerben,

138 Siehe Corbea-Hoişie, Andrei (2003), S. 21.

139 Moser, Joseph W. (2015), S. 259.

140 Ebd.

141 Vgl. Ebd. S. 50.

142 Unter den durchschnittlichen, an Politik nicht interessierten Bürgern durfte die interethnische Solidarität auch nach 1918 fortbestehen, wie es in dem Tagebuch eines 1917 in Sereth geborenen Bukowiners, Nicolae Odoviciuc (er selbst ein Hybrid, da seine Großeltern ukrainischer bzw. deutscher Herkunft waren), zu sehen ist: „Die Nationalfrage als Rassenfrage war mir unbekannt. Meine besten Freunde waren Deutsche, Juden, Engländer, Ungarn [...] Das Zusammenleben mit Menschen aller Nationalitäten lehrte mich, die Menschen nach ihren Taten und nicht nach ihrem Glauben oder ihrer ethnischen Herkunft zu urteilen. [...] In Bezug auf die Politik der kritischen Jahre 35–1938 kann ich mit voller Sicherheit behaupten, dass in der Klasse, zu der ich gehörte, keiner meiner Kollegen Politik machte. Deutsche, Juden, Ukrainer, Rumänen, wir alle verstanden uns perfekt miteinander." – Übersetzung aus dem Rumänischen A. Odoviciuc. Das Tagebuch liegt im persönlichen Archiv der Familie Odoviciuc.

die dazu fähig und bereit waren, in rumänischer Sprache zu unterrichten.[143] Besonders betroffen von diesen uniformierenden Bestrebungen waren die im Buchenland ansässigen Ukrainer, da sie gemäß dem nationalen Diskurs der RumänInnen als „spätere Eindringlinge"[144] galten und angesichts ihrer ansteigenden Zahl in der Bukowina als bedrohlich empfunden wurden.[145] Die Vertreter der rumänischen Nationalbewegung behaupteten sogar, dass die Ruthenen eigentlich eine „von Österreich künstlich geschaffene Volksgruppe"[146] waren, eine politische Erfindung der Habsburger, die dadurch ihre Machtstellung sowohl in Galizien als auch in der Bukowina sichern wollten.[147] Außerdem wäre mithilfe der Volkszählungen eine Ruthenisierung der rumänischen Bevölkerung erfolgt, bei denen die Angabe der Umgangssprache verlangt wurde. Somit hätten die rumänischen Minderheiten in ruthenischsprachigen Gebieten Ruthenisch als Umgangssprache angegeben und dadurch die Zahl der Ruthenen künstlich gesteigert, die jetzt Ansprüche auf einen größeren Anteil am öffentlichen Leben erheben konnten.[148] Um den sozialen und politischen Aufstieg der Ukrainer aufzuhalten, schafften z.B. die rumänischen Machthaber 1920 den Czernowitzer Lehrstuhl für ukrainische Sprache und Literatur ab und wandelten viele ukrainische Schulen in rumänische Schulen um.[149]

Obwohl sie nicht als Nationalität anerkannt waren, wurden auch die Juden ablehnend behandelt, denen der freie Zugang zur Bildung grundlos beschränkt wurde. Diese fremdenfeindliche Einstellung der neuen Regierung machte sich sowohl in Bezug auf Schulanmeldungen, als auch bei der Abiturprüfung bemerkbar und führte zum Aufruhr unter der jüdischen Bevölkerung.[150] Erleuchtend in diesem Sinne ist der Fall des jüdischen Schülers David Fallik,[151] der sich gegen diese Ungerechtigkeit zu wehren versuchte. Emil Diaconescu, ein an der Aufnahmeprüfung für Universitätsstudien beteiligter rumänischer Lehrer, ließ 92 aus einer Gesamtzahl von 94 jüdischen

143 Siehe dazu Van Drunen, Jeroen (2015), S. 50–51.

144 Ion Nistor, zitiert nach Ebd., S. 47.

145 Dies wird auch im Tagebuch von Nicolae Odoviciuc durch ein paar Beispiele bestätigt. Als erstes wurde sein ukrainischer Großvater 1918 nach einer 40-jährigen Lehrtätigkeit entlassen, nachdem er angegeben hatte, er sei Ukrainer. Dann fällt N. Odoviciuc selbst 1936 bei der Abiturprüfung durch, wobei der Vorsitzende der Prüfungskommission ihm andeutete, „ein Kandidat mit ukrainischem Namen kann keine Ansprüche darauf erheben, das Abitur zu schaffen." – Übersetzung aus dem Rumänischen A. Odoviciuc.

146 Prokopowitsch, Erich (1965), S. 104.

147 Die Idee, dass die Ruthenen eigentlich Russen wären, die zu politischen Zwecken als gesonderte Volksgruppe geschildert wurden, beschäftigte u.a. Ion Nistor und Theodor Bălan. Erich Prokopowitsch widmet diesem Thema ein separates Kapitel, wobei er *Die Stellung der Rumänen zur Frage der autochtonen Bevölkerung und zum Ruthenenproblem* ausführlich behandelt. Siehe Ebd., S. 102–105.

148 Darüber schrieb z.B. Ion Nistor. Siehe Ebd., S. 105. Es ist höchstwahrscheinlich, dass die Volkszählungen eine solche Folge hatten, aber wir dürfen vermuten, das Gleiche passierte auch mit den ruthenischen Minoritäten, die in rumänischsprachigen Gebieten wohnten.

149 Vgl. Hausleitner, Mariana (2015), S. 69.

150 Ebd., S. 33–34.

151 Der Fall wird von Mariana Hausleitner ausführlich dargestellt in Ebd., S. 34–36.

Schülern durchfallen und wurde von einem dieser Schüler, David Fallik, öffentlich konfrontiert. Am selben Tag wurde Diaconescu von einer Gruppe jüdischer Schüler und Erwachsenen physisch angegriffen. 24 Individuen, einschließlich David Fallik, wurden festgenommen und des Angriffs auf eine Amtsperson angeklagt. Während der Verhandlungen schilderte die Presse diese Tat als geplanten Angriff auf das rumänische Volk und nährte dadurch die in der Bukowina bereits infiltrierten antisemitischen Gedanken. Der Fall endete tragisch, wobei David Fallik von einem rumänischen Faschisten erschossen wurde und letztendlich zu Tode kam. Noch tragischer ist die Tatsache, dass sein Mörder nicht nur freigesprochen wurde, sondern sogar als Held der rumänischen Nation galt.

Auch die rumänische Regierung betrachtete also das Schulwesen als wesentliches Instrument für die Herausbildung einer gesellschaftlichen und politischen Hierarchie. Sie griff demzufolge ein, um eine leitende Machtposition der rumänischen Nationalität zu gewinnen und zu festigen. Dies bedeutete eine heftige Förderung der rumänischen Sprache und Kultur und wurde von den neuen Herrschern dadurch gerechtfertigt, dass es zum Fortschritt des gesamten Staates notwendig sei.[152]

Die RumänInnen genossen nach 1918 eine privilegierte Stellung, während die anderen Nationalitäten nicht nur in der Schule, sondern auch auf dem Arbeitsmarkt offensichtlich benachteiligt und diskriminiert wurden. Dafür sorgte zum Teil Ion Nistor, der in seiner Eigenschaft als Arbeitsminister die Einstellung eines bestimmten Anteils von RumänInnen im Privatbereich vorschrieb. Dadurch und durch weitere ähnliche Maßnahmen sollten die hier „eingesprengte[n] Fremdkörper"[153] beseitigt werden.

Das von den BukowinerInnen gepflegte Zusammengehörigkeitsgefühl sah sich im Rahmen solcher segregierenden Maßnahmen gefährdet. Dieses stimmte mit dem nationalen Diskurs der RumänInnen nicht überein, der die neuen Grenzen des rumänischen Staates historisch zu legitimieren hatte. Während des Kommunismus wurde sogar der Name „Bukowina" in Rumänien verboten,[154] um die hier über Jahrzehnte geschaffene pluriethnische Identität aus dem Gedächtnis der Bevölkerung zu löschen.

152 U.a. von Ion Nistor. Siehe dazu Ebd., S. 71–72.

153 Ion Nistor, zitiert nach Ebd., S. 73. Hier bezieht er sich auf die im Buchenland wohnenden Slawen.

154 Vgl. Scharr, Kurt (2010), S. 65–66.

III.3. Rumänischer Nationalgeist in der Bukowina

Wie im Rest des habsburgischen Raums ließ sich nach dem Jahr 1848 auch im Buchenland der nationale Geist immer deutlicher spüren. Auch hier war diese nationale Gesinnung keine innerliche, geborene Gemeinsamkeit aller gleichsprachigen Individuen, sondern wurde vor allem vom gebildeten Bürgertum[155] entwickelt und gepredigt. Auch im Falle der RumänInnen drehte sich der nationale Diskurs um die Sprache, wie im Folgenden ersichtlich wird.

Die von der Aufklärung geprägte Herrschaftspolitik der Habsburger, ihre Sorge für die intellektuelle Erhebung der Bevölkerung und ihre tolerante Haltung zu Mehrsprachigkeit schufen in der Bukowina einen günstigen Rahmen für die Entstehung einer rumänischen Elite, die sich mit Fragen nach ethnischer und nationaler Identität beschäftigen konnte. Auf diesem Boden veröffentlicht der aus Siebenbürgen geholte Lehrer Anton de Marki die erste rumänische Sprachlehre, sowohl in rumänischer als auch in deutscher Sprache, ein siebenhundertseitiges Handbuch, das als „erste[r] Versuch einer Sprachdidaktik auf diesem Gebiet"[156] gilt. Dazu erschienen in der Bukowina auch deutsch-rumänische Wörterbücher[157] und Zeitschriften in rumänischer Sprache.[158] Die RumänInnen genossen eine gewisse Freiheit in Bezug auf ihr kulturelles Leben und konnten sich auf diese Weise um die Förderung der rumänischen Sprache und Literatur im Rahmen einer 1862 gegründeten Kulturvereinigung[159] oder mit Hilfe der Abteilung für rumänische Publikationen der Czernowitzer Landesbibliothek [160] kümmern. Zwei Elemente, die für das Definieren und die Legitimierung der Nationalität äußerst wichtig waren, und zwar Sprache und Kulturgut, wurden in der habsburgischen Bukowina gründlich gepflegt.

Besonders relevant für das Aufkeimen und die Verbreitung eines Nationalpatriotismus unter den Bukowiner RumänInnen war die Tatsache, dass ein großer Teil der RumänInnen außerhalb der Bukowiner Grenzen lebte, gleichzeitig aber mit dem Bukowiner Kulturraum in Verbindung stand. Dieser Kulturaustausch zwischen den RumänInnen in- und außerhalb der Bukowina erfolgte zum großen Teil mit Hilfe der

155 Erich Prokopowitsch meint sogar, dass die damalige rumänische Nationalbewegung vornehmlich die Interessen der Intellektuellen und der Großgrundbesitzer vertrat, so dass sie „den Kontakt zu den breiten Massen der rumänischen Bevölkerung beinahe vollständig verloren habe." – Siehe Prokopowitsch, Erich (1965), S. 58.

156 Turczynski, Emanuel (1993), S. 57.

157 Zum Beispiel das 1895 veröffentlichte juristisch-politische Wörterbuch von Aurel Onciul und Florea Lupu.

158 Siehe z.B. Ceaușu, Mihai Ștefan (2008), S. 396.

159 Siehe Turczynski, Emanuel (1993), S. 143.

160 Ebd. 139.

Presse[161] und ermöglichte die Entwicklung von Gedanken an eine Vereinigung der rumänischen Gebiete.[162] Während die deutschsprachigen Zeitschriften den interethnischen Verkehr förderten, indem sie einen gemeinsamen Kommunikationsraum anboten, strebten die rumänischen Publikationen – neben der Anregung intellektueller Vorgänge – die Konsolidierung der rumänischen Nationalität an und grenzten gleichzeitig ihre rumänischsprachige Leserschaft von anderen ethnischen Gruppen ab.

Im Rahmen der Beziehung zwischen den RumänInnen der Bukowina und denen Siebenbürgens konnte unter anderem der Geist der aufklärerischen kulturellen Gruppierung „Şcoala Ardeleană" auch im Buchenland verbreitet werden. Die Anhänger der Siebenbürgischen Schule beschäftigten sich energisch mit der Begründung und Verwertung der lateinischen Herkunft der rumänischen Sprache, um die Grundlagen ihrer Entwicklung und Durchsetzung im öffentlichen Raum zu schaffen.[163] Gleichzeitig wurde die rumänische Nation dadurch historisch legitimiert, indem ihre Mitglieder als Sprecher einer alten, traditionsreichen Sprache dargestellt wurden. Davon ausgehend modernisierte sich die rumänische Sprache auch in der Bukowina im Einklang mit ihrem lateinischen Hintergrund.

Höchst relevant für die Ausbreitung nationaler Ideen im Buchenland waren auch die politischen Lagen, in denen sich die anderen von RumänInnen bewohnten Regionen befanden. Einerseits gab es Siebenbürgen, wo sich die RumänInnen insbesondere nach 1868, – als Ungarisch als alleinige offizielle Sprache für dieses Gebiet gesetzlich verankert wurde[164] – unterdrückt fühlten. Die Vertreter der Bukowiner und Siebenbürger RumänInnen setzten sich bereits 1848 für die Vereinigung aller rumänischen Gebiete unter einem österreichischen Herzog ein, ein Wunsch, den sie auch später zum Ausdruck bringen werden.[165] Andererseits vereinigten sich die rumänischen Fürstentümer Moldau und Walachei im Jahr 1859, deren staatliche Form 1881 als Königreich Rumänien anerkannt wurde.[166] Der junge Staat der RumänInnen musste dann konsolidiert werden, um sich politisch durchsetzen zu können, was unter anderem Gedanken über Gebietserweiterung durch Eingliederung der anderen – gemäß dem nationalen Diskurs verlorenen oder sogar gestohlenen – rumänischen Länder wachsen ließ. Solche irredentistischen Ideen wurden im Buchenland unter anderem vom Moldauer Nicolae Iorga verbreitet,[167] der sich eifrig für die Schaffung eines *gerechten* vereinigten rumänischen Staates einsetzte. Im Namen dieses Ideals wurden

161 Ein Beispiel in diesem Sinne bietet die 1848 erschienene Zeitung *Bucovina, Gazeta românească pentru politică, biserică şi literatură*, in der Beiträge von Rumänen aus allen rumänischsprachigen Gebieten veröffentlicht wurden. – Siehe Prokopowitsch, Erich (1965), S. 90.

162 Siehe z.B. Guţu, George (2002), S. 19.

163 Lihaciu, Ion/Minut, Ana-Maria (2015), S. 131–132.

164 Stourzh, Gerald (1985), S. 83.

165 Vgl. Turczynski, Emanuel (1993), S. 123–124.

166 Vgl. Scharr, Kurt (2010), S. 217.

167 Vgl. Corbea-Hoişie, Andrei (2003), S. 105.

die Habsburger eines Raubes der Bukowina[168] angeklagt, in Folge dessen „ein ewiger Schmerz" („deapururea o durere")[169] die RumänInnen quälte. Der nationale Diskurs war voller Pathos und brachte die Sehnsucht nach einer *Wieder*vereinigung aller rumänischen Herzen zum Ausdruck. Dass es dabei – wenn auch aus echtem Nationalpatriotismus und edlen Absichten – zu Übertreibungen kam, bestätigt selbst ein Vertreter dieser Ideologie. Ion Nistor bemerkte dazu: „In nationalen Kämpfen wurden leidenschaftliche Äußerungen gemacht, wurde zu ungerechten Übertreibungen zurückgegriffen und wurden nicht zu rechtfertigende Forderungen erhoben."[170]

Solche scharfe Stellungnahmen gegen die österreichische Regierung und ihre Verwaltung der Bukowina stießen im Kronland auf Widerstand, wie es ein Fall im März 1914 zeigt. Als Antwort auf einen im Bukarester Blatt *Universul* erschienenen Artikel, in dem die Bukowiner RumänInnen als von den Habsburgern unterdrückte und im öffentlichen Raum zurückgesetzte Volksgruppe dargestellt waren, verfasste ein Bukowiner Rumäne seine eigene Beschreibung der Lage seiner Konnationalen in der Region, die in der Ausgabe der *Wiener Zeitung* vom 5. April 1914 veröffentlicht wurde. Darin schrieb Landtagsabgeordneter Mihai Chisanovici unter anderem:

> „Das rumänische Element der Bukowina hat Rechte, die nicht nur auf dem Papier stehen, sondern deren es sich tatsächlich erfreut. In allen Gemeinden, wo Rumänen wohnen, befinden sich rumänische Schulen. Die Rumänen haben rumänische Schulrevisoren, Geistliche, Richter und Beamte. In allen Staatsämtern können sich die Rumänen der rumänischen Sprache bedienen. Die rumänischen Gemeinden werden autonom verwaltet und es gibt nicht wenige, in denen die rumänische Sprache Amtssprache ist. Die Wahlen für den Landtag werden auf Grund des nationalen Katasters vorgenommen."[171]

Die nationalen Ideen wurden von den Bukowiner RumänInnen unterschiedlich interpretiert und verinnerlicht. Dadurch erklären sich die uneinheitlichen politischen Stellungen, die sich in diesem Raum konfigurierten. In diesem Sinne illustriert zum Beispiel Mihai-Ştefan Ceauşu die zwei Hauptströmungen, nämlich Zentralismus und Föderalismus,[172] die vor allem durch ihre Vertreter Eudoxiu Hurmuzaki beziehungsweise Alexandru Petrino im Bukowiner Landtag gefördert wurden. Relevant in diesem Sinne sind auch die Haltung der RumänInnen im Laufe des Ersten Weltkriegs[173] und ihre Stellungnahme zu der politischen Zukunft des Buchenlandes. Die große Mehrheit

168 Mehrere Details über die 1875 in Bukarest erschienene Broschüre „Der Raub der Bukowina" befinden sich in Turczynski, Emanuel (1993), S. 165–167.

169 Eminescu, Mihai (1877), *[La anul 1774...]*.

170 Zitiert nach Guţu, George (2002), S. 12.

171 Zitiert nach Prokopowitsch, Erich (1965), S. 128–129.

172 Ceauşu, Mihai-Ştefan (2010), S. 21–33.

173 Die unterschiedlichen Einstellungen der RumänInnen in diesem Zeitraum werden von Erich Prokopowitsch im Detail illustriert. Siehe Prokopowitsch, Erich (1965), S. 130–158.

der Bukowiner rumänischen Bauernschaft stellte ihre Treue zum Kaisertum Österreich unter Beweis,[174] da sie die österreichische Bukowina – nicht zuletzt aufgrund der Freiheiten, die sie dank der Habsburger erworben hatte,[175] – als Heimat und Vaterland betrachtete und ihren Patriotismus in ihre Richtung und nicht in Richtung Rumäniens wendete. Auch die rumänische Intelligenzschicht der Bukowina blieb dem österreichischen Staat mehrheitlich treu, obwohl sie eine höhere – mit der Zeit steigende – Zahl an Deserteuren als die Bauernschaft aufwies.

Die meisten RumänInnen, die das Buchenland aus nationalpatriotischen Gründen verließen, suchten Zuflucht in Rumänien, wo sie aber nicht ihren Erwartungen gemäß empfangen, sondern in einigen Fällen sogar mißhandelt[176] wurden. Um ihre politische Mission zu erfüllen und sich in Rumänien Gehör zu verschaffen, entwickelten sie einen äußerst kritischen Diskurs gegen die habsburgische Herrschaft und stellten die Bukowiner RumänInnen als leidende, vernachlässigte Volksgruppe dar, die auf eine Rettung von jenseits der kaiserlichen Grenzen wartete.[177] Dies berücksichtigend sind die Worte des Bukowiner Landtagsabgeordneten Iancu Ritter von Flondor wenig überraschend, mit denen er am 27. Oktober 1918 die Angliederung der Bukowina an Rumänien als eine Befreiung schilderte: „Eine nationale Knechtschaft, die nahezu 1½ Jahrhundert dauert und nicht weniger schmerzlich als schandvoll war, neigt sich zum Ende. Das rumänische Volk der Bukowina ist auf dem Wege, die Ketten abzulegen, die ihm die Seele fesselten."[178]

Seine Worte müssen aber mit den letzten Reden der rumänischen Vertreter des Buchenlandes im Wiener Parlament verglichen werden, in denen sich eine gegensätzliche Einstellung widerspiegelt. Unter den nichtdeutschen Rednern nahm 1917 allein Dr. Aurel Ritter von Onciul als Vertreter des Rumänenklubs eine entschlossene pro-österreichische Haltung ein – „Bedingungslos bekennen wir uns zur Monarchie"[179] –, die auch 1918 wiederholt wurde.[180] Neben anderen Beweisen von Loyalität gegenüber dem habsburgischen Kaisertum[181] kann dies als Hinweis darauf interpretiert werden, dass eine Großzahl Bukowiner RumänInnen ihre bisherigen Machthaber nicht als unterdrückende Tyrannen betrachteten, sondern mit den von diesen geschaffenen Lebensbedingungen eher zufrieden waren.

174 Siehe z.B. Prokopowitsch, Erich (1959), S. 16.

175 Z.B. durch das Leibeigenschaftsaufhebungspatent (5. April 1782) – siehe dazu Turczynski, Emanuel (1993), S. 43.

176 Dies wird von einem aus der Bukowina nach Rumänien gewanderen Rumänen 1916 berichtet. Siehe dazu Prokopowitsch, Erich (1965), S.137.

177 Beispiele für solche Stellungnahmen befinden sich bei Ebd., S. 140–141.

178 Iancu Ritter von Flondor, zitiert nach Ebd., S. 155.

179 Dr. Aurel Ritter von Onciul, zitiert nach Ebd., S. 153.

180 Siehe Ebd., S. 154.

181 Zum Beispiel die Tatsache, dass die Bukowiner Bevölkerung den Namenstag Kaiser Karls am 4. November 1918 noch öffentlich feierte. – Siehe dazu Ebd., S. 152.

Auf Bukowiner Boden konkurrierte die nationale Ideologie mit dem oben beschriebenen Regionalbewusstsein und konnte sich deswegen nur teilweise durchsetzen. Dabei wird die Einschätzung des österreichischen Professors Ernst Joseph Görlich bestätigt, der behauptet, „Die Sprache allein mag wohl starke Bindungen erzeugen, das geschichtlich gemeinsame Schicksal bedeutet aber eine mindestens ebenso starke, wenn nicht noch stärkere Bindung."[182] Das im Buchenland gepflegte Zusammengehörigkeitsgefühl widerstand bis zu einem gewissen Grad den agitatorischen, hassfördernden Aufrufen, die auf die Stärkung einer national definierten Gruppe durch ihre Abgrenzung von den anderen zielten.

III.4. Sprachliche Wechselwirkungen im Buchenland

Unter habsburgischer Herrschaft wurde die Bukowina trotz ihrer eher kleinen Oberfläche zum „vielsprachigste[n] Land Cisleithaniens."[183] Die hier verlaufenden geistigen, politischen, gesellschaftlichen und wirtschaftlichen Umwandlungen wurden von dieser sprachlichen Pluralität bedingt und wirkten sich ihrerseits auf die Bukowiner sprachliche Konstellation aus. Somit bekamen die verschiedenen Sprachen und ihre Sprecher gewisse Rollen in der Gesellschaft zugewiesen, die einen Einfluss auf die Entfaltung der jeweiligen Sprachen ausübten.

In seinem Buch *Gesellschaftliche Mehrsprachigkeit. Institutionelle, gesellschaftliche und individuelle Aspekte,* das auch als „Plädoyer zur Verstärkung verhaltenswissenschaftlicher Ansätze in der Sprachwissenschaft"[184] verstanden werden sollte, thematisiert Georg Kremnitz unter anderem die Relevanz der Macht oder Ohnmacht, die einer Sprache – entweder gesellschaftlich oder institutionell/gesetzlich – zuerkannt wird, für die Entwicklung dieser Sprache, für das Selbstverständnis ihrer jeweiligen Sprecher und ihr davon abhängendes sprachliches Verhalten.[185] Wichtig in dieser Diskussion und bedeutsam für unsere Untersuchung sind die Begriffe „Prestige" im Sinne von gesellschaftlicher Bewertung beziehungsweise „Status" im Sinne von offizieller und eventuell gesetzlich verankerter Position.[186] Im öffentlichen Raum der Bukowina genossen das Deutsche – als Sprache der Herrscher und der „zivilisierten" Welt – und das Rumänische – als Sprache der ursprünglich vorwiegenden Bevölkerung – günstige Stellungen.

Die Bukowina wurde zu einem Zeitpunkt annektiert, als Kaiserin Maria Theresia und ihr Mitregent Joseph II. die Verbreitung der deutschen Sprache unter allen Be-

182 Ernst Joseph Görlich, zitiert nach Guţu, George (2002),

183 Berthold Sutter, zit. nach Turczynski, Emanuel (1993), S. 153.

184 Kremnitz, Georg (1990), S. 9.

185 Siehe z.B. Ebd. S. 11.

186 Siehe im Detail Ebd., S. 74–80.

wohnerInnen der Monarchie und ihre Umsetzung als allgemeine Staatssprache anstrebten. Angesichts des niedrigen Entwicklungsniveaus der im Buchenland gebrauchten Sprachen und des Mangels an einheimischen Gelehrten und Fachkräften, die die habsburgischen Reformen in der Region umzusetzen imstande waren, konnte sich das Deutsche mit Hilfe deutschsprachiger Einwanderer ohne große Schwierigkeiten als *lingua franca* des Bukowiner öffentlichen Lebens durchsetzen. Dies bedeutete, dass sich die deutsche Sprache sowohl eines hohen Prestiges, als auch eines hohen Status erfreute, denn sie garantierte bessere Arbeitsmöglichkeiten, die Teilnahme am Gesellschaftsleben und den Genuss der bürgerlichen Rechte.

Somit übte sie eine Anziehungskraft auf die anderssprachigen Gruppen aus, deren Mitglieder die Aneignung des Deutschen – zu Recht – als vielversprechend betrachteten. Besonders auf die Juden, die in der Monarchie niemals als Nationalität und deren Sprache niemals als Nationalitätensprache anerkannt wurden,[187] wirkte die Option der Assimilation verlockend. Viele Angehörige der jüdischen Gemeinschaft ließen sich demzufolge assimilieren[188] und wurden „zu Förderern deutschen Kulturgutes,"[189] um sich einen aussichtsreichen sozialen, professionellen und intellektuellen Aufstieg zu ermöglichen. Das Deutsche konnte aufgrund seiner besonderen Stellung als „sprachlich-kulturelle[r] Metaraum"[190] fungieren, in dem alle Bukowiner Nationalitäten miteinander verkehrten.

Das Rumänische konnte nicht die gleichen Vorteile bieten, was sich vor allem dadurch erklären lässt, dass es in den ersten Jahrzehnten der habsburgischen Herrschaft immer noch eine „necultivată și săracă"[191] Sprache war. Trotzdem wurde das Rumänische nicht unterdrückt, sondern von Anfang an von den neuen Machthabern als für die Modernisierung nötiges Verständigungsmittel anerkannt und bei der Neustrukturierung der Region berücksichtigt.

Relevant in diesem Sinne ist die Diskussion um geschichtslose und geschichtliche Nationen. Gemäß Robert Kann können die Nationen in der Habsburgermonarchie in zwei Kategorien geteilt werden: die mit einer „deutlich erkennbare[n] unabhängige[n] nationale[n] Geschichte"[192] und die ohne eine solche Geschichte. Die Volksgruppen, die zu der ersten Kategorie gehörten, genossen eine Machtposition und verlangten auf Grund ihrer historischen Tradition größere Rechte als die Volksgruppen in der zweiten Kategorie.[193] Kann stuft die RumänInnen als geschichtslose Nation ein, wobei er

187 Vgl. Brauneder, Wilhelm (2013), S. 10.

188 Siehe dazu z.B. Corbea-Hoișie, Andrei (2013), S. 14.

189 Turczynski, Emanuel (1993), S. 175.

190 Csáky, Moritz (2010), S. 313.

191 Ceaușu, Mihai-Ștefan (1998), S. 207.

192 Kann, Robert A. (1964), S. 53.

193 Siehe z.B. Ebd., S. 54.

sich aber vor allem auf die rumänische Bevölkerung in Siebenbürgen[194] bezieht. Dort wurden die RumänInnen tatsächlich eher als Minderheit betrachtet und befanden sich in einer unterprivilegierten Lage, was unter anderem die Nichtbeachtung ihrer Sprache im öffentlichen Raum bedeutete. Dies wird beispielsweise durch die gesetzliche Festlegung des Ungarischen als alleinige Staatssprache Transleithaniens im Jahr 1868[195] belegt. Anders war es aber in der Bukowina. Robert Kann selbst erklärt, dass die RumänInnen jenseits der Karpaten „schon seit dem 15. Jahrhundert eine reiche und lebendige nationale und politische Geschichte hatte[n]." Diese Geschichte betrifft auch die Bukowina, die vor ihrer Eingliederung in die Monarchie (1775) ein Teil der Moldau war. Ursprünglich bedienten sich die Habsburger der hier existierenden politischen und administrativen Organisierungsform,[196] was als Anerkennung der rumänischen Tradition in der Region interpretiert werden kann. Dies und die im Folgenden behandelten sprachlichen Verhältnisse im Buchenland weisen darauf hin, dass die RumänInnen hier als geschichtliche Nation galten.

Vor diesem Hintergrund entwickelte sich die rumänische Sprache im Laufe der Jahre erheblich und setzte sich nach 1848 – unter anderem als Folge des Strebens nach Gleichberechtigung – immer deutlicher im öffentlichen Raum durch.

III.4.1. Zum Umgang mit Mehrsprachigkeit im Schulwesen

Die allseitige Entwicklung der Bukowina unter habsburgischer Herrschaft und ihre Umwandlung aus einer unterbevölkerten Region mit vorwiegend ungebildeter Bevölkerung in einen „faszinierenden Brennpunkt kultureller Strömungen"[197] verdankte sich größtenteils der Gründung und Konsolidierung eines modernen, mehrsprachigen Bildungssystems, das allen BukowinerInnen ungeachtet ihres ethnischen oder religiösen Hintergrunds Zugang zur Erziehung und dadurch berufliche Chancen bot. Auf diese Weise konnte eine autochtone Elite gebildet werden, die imstande war, die wichtigsten öffentlichen Stellen zu bekleiden,[198] die in der ersten Phase der habsburgischen Verwaltung durch die Einfuhr ausländischer Kräfte belegt wurden.

Für die neuen Machthaber stellte das Schulwesen ein geeignetes Medium für die Platzierung aufklärerischer Gedanken ins Bewusstsein der Untertanen dar, damit

194 Er widmet der Lage der Siebenbürger RumänInnen ein separates Kapitel. Siehe Ebd., S. 309–321. In Bezug auf die Bukowina behandelt er aber die nationale Frage hinsichtlich der RuthenInnen, wobei er doch bemerkt, sowohl die RuthenInnen als auch die RumänInnen der Bukowina als geschichtslos galten. Siehe S. 333.

195 Stourzh, Gerald (1985), S. 83.

196 Siehe z.B. die Einführung zum Teil *III.4.2. Zur Sprachenfrage in Justiz und Verwaltung* dieser Arbeit.

197 Auf diese Weise beschreibt Turczynski die Bukowiner Hauptstadt vom ausgehenden 19. Jahrhundert Turczynski, Emanuel (1993), S. 157.

198 Die Absolventen des Czernowitzer Gymnasiums besetzten z.B. „die höchsten und verantwortungsvollsten Posten [...] in Verwaltung, Justiz, Unterricht und Kirche." Siehe dazu Prokopowitsch, Erich (1961), S. 285.

diese freiwillig und aus eigener Überzeugung als treue, hart arbeitende Österreicher dem Staat dienen würden. Deshalb kümmerten sich die Habsburger gleich nach Einverleibung der Bukowina um die Errichtung von Schulen. Als Leitfaden für die Modernisierung des Bukowiner Bildungswesens, – das zum Zeitpunkt der Annektierung nur aus ein paar konfessionellen Schulen bestand, – diente die *Allgemeine Schulordnung für die deutschen Normal- Haupt- und Trivialschulen in sämmtlichen k.k. Erbländern* von 1774.

Davon ausgehend wurde die Erziehung ohne Rücksicht auf Geschlecht, Ethnie oder Religion als Glücksschlüssel gefördert, wobei die Vorschrift hinsichtlich der allgemeinen Schulpflicht erst im Jahr 1786 umgesetzt werden konnte und nach der Eingliederung der Bukowina in Galizien wieder aufgehoben wurde. Um die Bevölkerung von der Nützlichkeit und Notwendigkeit der schulischen Ausbildung zu überzeugen wendeten sich die habsburgischen Verwalter an die Kirche, die ein großes Ansehen in der Region genoss. Die kirchlichen Vertreter agierten daher als Vermittler und forderten die misstrauischen, zurückhaltenden Eltern auf, ihre Kinder zu ihrem eigenen Wohl und zum Wohl des ganzen Volkes in die Schule zu schicken.[199] Als weiterer Anreiz zum Schulbesuch durften die Kinder kostenlos lernen und wurden dazu mit Lernmaterialien wie Schulbüchern, Papier oder Tinte versorgt. Außerdem bekamen die besten Schülern Preise und Auszeichnungen.[200]

Bis zum Jahr 1848 baute sich das Bukowiner Bildungssystem einen „plurietnic și multiconfesional"[201] Charakter, wie es z.B. aus der Schülerliste der Normalschule in Czernowitz aus dem Jahr 1813 ersichtlich ist: Aus einer Gesamtzahl von 307 Schülern waren 90 Deutsche, 86 Rumänen, 60 Ruthenen, 29 Polen, 19 Armenier, 3 Juden und einer Ungar.[202] Solche Schulen ermöglichten den Kontakt zwischen Menschen, die aus unterschiedlichen kulturellen Milieus stammten, und nährten eine tolerante Einstellung zum Anderen.

Wie im Rest der Monarchie wurde die Zweisprachigkeit auch in der Bukowina gefördert, was sich im Falle der deutschen und der rumänischen Sprache durch die Gründung von zweisprachigen Schulen konkretisierte, in denen der Unterricht in beiden Sprachen erteilt wurde.[203] Zu diesem Zweck wurden zwei Lehrer aus Siebenbürgen angestellt, die sowohl des Deutschen als auch des Rumänischen mächtig waren. Anton de Marki und Franz Augustin Thallinger waren ab 1784 in Czernowitz beziehungsweise Suczawa tätig.[204] In solchen zweisprachigen Lehranstalten, die später auch in

199 Diese Aufforderungen werden in dem Hirtenbrief vom Juni 1790 formuliert. Siehe dazu Ceaușu, Mihai-Ștefan (1998), S. 198–199.

200 Siehe im Detail Ceaușu, Mihai-Ștefan (1998), S. 118–126.

201 Ebd., S. 203.

202 Ebd., S. 202.

203 Siehe z.B. Ebd., S. 122, 124.

204 Turczynski, Emanuel (1993), 52.

anderen Städten errichtet wurden,[205] konnten die Schüler Deutschkenntnisse erwerben, um sich Zugang zu guten Arbeitsplätzen im Staatsapparat zu verschaffen, und gleichzeitig die noch unterentwickelte rumänische Sprache lernen und pflegen. Die Einführung des Unterrichts auf Rumänisch führte zur Auseinandersetzung mit der Grammatik, Rechtschreibung und dem Wortschatz dieser Sprache. Daraus entstanden unter anderem zweisprachige Didaktik- und Lehrbücher, aber auch Übersetzungen von deutschen Lehrbüchern ins Rumänische,[206] die bereits erwähnte rumänische Sprachlehre (1810) des Lehrers Anton de Marki und weitere Werke, die zur Kristallisierung einer modernen rumänischen Sprache beitrugen.

Im Jahr 1848 war eine in den Bukowiner Schulen gebildete rumänische Intelligenzschicht bereit, Anforderungen zur Reform des Heimatlandes und zur Behauptung der rumänischen Nationalität zu stellen. In ihrem Landespetition verlangten die Bukowiner RumänInnen die Errichtung von rumänischen Volksschulen und einer rumänischen Lehrkanzel, sowie die Bearbeitung amtlicher Angaben in rumänischer Sprache[207] und kündigten dadurch ihr nationalitätsorientiertes Programm für die nächsten Jahrzehnte an.

Die Vorschriften des Artikels 5 der Reichsverfassung von 1849 bezüglich der Gleichstellung aller Volksstämme wurden für das Kronland Bukowina durch die Landesverfassung vom September 1850 bestätigt: „Die im Lande wohnenden Volksstämme sind gleichberechtigt und haben ein unverletzliches Recht auf Wahrung und Pflege ihrer Nationalität und Sprache."[208] Dies veranlasste Bemühungen, – die während des Neoabsolutismus teilweise gebremst wurden, – zum Ausbau der nichtdeutschen Sprachen und zu ihrer Umsetzung in den öffentlichen Bereichen.

1849 wurde der Unterricht des Rumänischen in dem 1808 gegründeten deutschen Gymnasium in Czernowitz eingeführt. Drei Jahre später erfolgte die gleiche Maßnahme für das Ruthenische.[209] Ein weiterer Meilenstein in der Konsolidierung des Bukowiner Bildungssystems wurde im Jahr 1869 erreicht, als das Reichsvolksschulgesetz die Kronländer mit der Gründung von Volksschulen beauftragte. Die Vorschriften dieses Gesetzes und diejenigen des Artikels 19 der Verfassung von 1867 bewirkten die Errichtung von Schulen für die verschiedenen Ethnien des Buchenlandes, in denen die Schüler in ihrer jeweiligen Muttersprache unterrichtet wurden, ohne gezwungen zu sein, eine zweite Landessprache zu lernen.[210] Auf diese Weise entstanden die sogenannten *Nationalitätenschulen,*[211] die einerseits die Entwicklung der nichtdeutschen

205 Ceaușu, Mihai-Ștefan (1998), S. 122.

206 Siehe z.B. Ebd., S. 206.

207 Siehe z.B. Scharr, Kurt (2010), S. 169.

208 Zitiert nach Stourzh, Gerald (1985), S. 34.

209 Vgl. Turczynski, Emanuel (1993), S. 140.

210 Vgl. Ebd., S. 144.

211 Siehe im Detail Burger, Hannelore (1995), S. 100–105.

Sprachen förderten und die ethnisch definierten Gemeinschaften verstärkten, aber diese gleichzeitig voneinander abgrenzten. Unter diesen Umständen stieg die Zahl der rumänischen Volksschulen erheblich: von 22 Elementarschulen mit Rumänisch als Unterrichtssprache im Jahr 1871 bis zu 169 solchen Lehranstalten im Jahr 1908,[212] was auch auf eine steigende Zahl der rumänischsprachigen Lerninteressenten hinweist. Die steigende Zahl von Lehranstalten ist natürlich als positiv zu betrachten, aber die eifrige Gründung von Nationalitätenschulen bewirkte auch eine rasante Senkung der Zahl gemischtsprachiger Schulen: von 83 gemischtsprachigen Schulen im Jahr 1875 bis zu 39 im Jahr 1913,[213] wobei Kinder unterschiedlicher Ethnien voneinander distanziert wurden.

Im Bukowiner Mittel- und Hochschulwesen bewahrte das Deutsche seine privilegierte Stellung bis zum Untergang der Monarchie. Im Zeitraum 1848 bis 1918 wurden neben dem Czernowitzer Gymnasium weitere solche Einrichtungen, sowie Mädchenlyzeen, Realschulen und Berufsschulen gegründet, deren Türen für alle Nationalitäten geöffnet waren. Als Unterrichtssprache diente das Deutsche, wobei mehrere Anstalten ihren Schülern die Möglichkeit anboten, bestimmte Fächer im Rahmen von Parallelklassen in ihrer Muttersprache zu studieren. In der habsburgischen Bukowina gab es keine Mittelschule, in der ausschließlich auf Rumänisch unterrichtet wurde, aber es gab vier ausschließlich deutsche und vier deutsch-rumänische Gymnasien.[214] Das Deutsche wurde immer noch als gemeinsame Staatssprache und somit als Bindeglied zwischen allen Nationalitäten, aber auch als Sprache einer hohen Kultur angesehen.

Dies betonte erneut der Hauptforderer einer Czernowitzer Universität, deren Rektor er später auch wurde. In seinem 1872 im Landtag präsentierten Antrag lieferte der rumänische Abgeordnete Constantin Tomaszczuk[215] Argumente für die Errichtung einer deutschen Hochschule in der Bukowina. Einerseits bedeutete die Wahl des Deutschen als Unterrichtssprache, dass die Universität im Interesse des österreichischen Gesamtstaates agieren würde. Andererseits eröffnete die deutsche Wissenschaft durch ihre Universalität entsprechende Entfaltungsmöglichkeiten für alle zusammenwohnenden Nationalitäten. Tomaszczuk fügte hinzu, dass die zwei mehrheitlichen Nationalitäten des Landes, die RumänInnen und die RuthenInnen „der germanischen Kulturrichtung zuneigen."[216] Sein Antrag wirkte überzeugend und das Bukowiner Bildungswesen konnte somit am 4. Oktober 1875 einen Höhepunkt erreichen, als die Franz-Josephs-Universität ihre Türen öffnete.[217] Neben den Fakultäten für Theologie,

212 Hitchins, Keith (2003), *Die Rumänen in der Bukowina,* S. 622.

213 Die Zahlen befinden sich bei Prokopowitsch, Erich (1961), S. 306, 310.

214 Siehe im Detail Ungureanu, Constantin (2015), S. 115–128.

215 Obwohl er ein Rumäne war, gehörte Tomaszczuk zur deutsch-liberalen Partei und war der Meinung, dass im österreichischen Raum das Deutschtum als Muster für die kulturelle Entfaltung der anderen Nationen dienen sollte. Siehe dazu Prokopowitsch, Erich (1961), S. 47.

216 Zitiert nach Corbea-Hoişie, Andrei (2003), S. 14.

217 Vgl. z.B. Turczynski, Emanuel (1993), S. 147–152.

Rechtswissenschaft und Philosophie wurden zwei Lehrstühle für rumänische beziehungsweise ruthenische Philologie eingerichtet,[218] was Anlass zu einer intensiveren Pflege dieser zwei Sprachen gab und ihr Prestige wesentlich erhöhte.

Im Universitätsraum wurde das Postulat der Brüderlichkeit und Gleichstellung befolgt. In diesem Sinne spielten z.B. die ethnischen Wurzeln keine Rolle in der Bewertung der Studenten oder in der Wahl der Rektoren und der Dekane,[219] wobei jeder Einzelne nach dem Maß seiner Verdienste belohnt wurde. Kurz nach der Einweihungsfeier der Universität, – die auch 100 Jahre seit der Angliederung der Bukowina markierte – wurde vom Rektor eine Akademische Lesehalle gegründet, um die Studenten einander näher zu bringen und ihre Leistungen zu steigern.[220] Die Czernowitzer Universität bildete daher einen umfassenden Metaraum, in dem die geistigen Potenziale der vielstämmigen Studierenden und ein Gemeinschaftsgefühl – nicht zuletzt durch das hohe Engagement der Lehrkräfte – angeregt wurden.

Gleichzeitig aber verbarg und nährte diese Schnittstelle einen Konfliktherd. Von der nationalen Ideologie angespornt, formten sich hier ethnische Studentenvereine, die sich für die Rechte und Förderung der eigenen Nationalität einsetzten und gegen ihre Unterdrückung durch die anderen kämpften.[221] In Bezug auf die RumänInnen zeichnete sich die Bukowiner Burschenschaft „Arboroasa" durch eine besonders scharfe Haltung, – die unter anderem mit dem Wettbewerb auf dem Arbeitsmarkt in Verbindung zu bringen ist, – gegenüber den Ruthenen und später gegenüber den Juden aus, die finanzielle Unterstützung vom rumänischen Reich bekam[222] und irredentistische Gedanken im Buchenland verbreitete. Dies wurde öffentlich erklärt, als die Vertreter des Vereins an den Feierlichkeiten teilnahmen, die in Jassy als Gegenfeier zur Eröffnung der Czernowitzer Universität veranstaltet wurden, und dort die Bukowina als „Gebiet der zerstückelten Moldau"[223] bezeichneten. Die Burschenschaft wendete sich folglich sowohl gegen die österreichische Regierung als auch gegen die anderen mehrheitlichen Völker in der Region.

Die im akademischen Rahmen manifestierten Fremdenfeindlichkeiten wurden zum großen Teil von außerhalb der Bukowina angefacht. Dabei spielte Nicolae Iorga eine wichtige Rolle, der mit Hilfe seiner „Liga culturală" [Kulturliga] in Bukarest eine irredentistische und antisemitische Gesinnung unter den Bukowiner RumänInnen streute.[224] Diese von ihm vertretene Einstellung wird in seiner Beschreibung der Czer-

218 Vgl. Van Drunen, Jeroen (2015), S. 42–43.

219 Vgl. Turczynski, Emanuel (1993), S. 202–203.

220 Vgl. Ebd., S. 153–154.

221 In diesem Sinne behaupteten die Vertreter des Deutschen Schulvereins (DSV) Ende des 19. Jahrhunderts, ihr Verein sei „zur *Abwehr*, nicht zum *Angriff* geschaffen" worden. Siehe dazu Grilj, Benjamin M. (2015), S. 85.

222 Vgl. Ebd., S. 89–90.

223 Zitiert nach Turczynski, Emanuel (1993), S. 165.

224 Vgl. Hausleitner, Mariana (2015), S. 65.

nowitzer Universität deutlich ausgedrückt. Dabei verunglimpft er die Lehranstalt als „eine österreichische Universität für Juden, mit einer juristischen Fakultät, woher sich Österreich die Funktionäre, die es braucht, beschafft sowie mehr jüdische Juristen, als das Land benötigt."[225] Andere Rumänen erkannten aber den Verdienst der Universität an, die ihrer Meinung nach unbeabsichtigt eine Intellektuellenschicht ausbildete, die sich für die nationalen Ideale einsetzten konnte.[226] Das habsburgische Bildungssystem hatte also – mittels einer deutschsprachigen Universität – zu der Behauptung der rumänischen Nationalität beigetragen.

1901 musste ein Sprachenstreit bezüglich der Czernowitzer Universität vom Reichsgericht geschlichtet werden. Dieser betraf die Weigerung der Universitätsangestellten, eine ruthenische Zuschrift aus Lemberg zu bearbeiten. Ihre Begründung, dass die gesetzlich verankerte Geschäfts- und Unterrichtssprache der Lehranstalt das Deutsche war, wurde vom Reichsgericht für ungültig erklärt, da es sich in diesem Fall um adressierende dritte Personen handelte. Gemäß dem erteilten Spruch machten sich also sowohl das Dekanat der Fakultät für Jura, als auch der akademische Senat der Hochschule und das österreichische Unterrichtsministerium der Verletzung des Art. 19 der Reichsverfassung schuldig. Als landesübliche Sprache der Bukowina durfte das Ruthenische von dritten Personen in ihrem Verkehr mit den Behörden der Universität gebraucht werden und die Letzteren waren verpflichtet, solche Anträge zu bearbeiten.[227]

Streitigkeiten gab es ebenfalls außerhalb des Universitätsraums. Ein Beispiel dafür liefert der Bukowiner Religionsfonds, der nach 1848 als politisches Instrument gebraucht wurde. Einige seiner Verwalter nahmen ihn als Institution des rumänischen Volkes wahr und setzten seine Ressourcen demzufolge für die Förderung der rumänischen Schüler und Studenten ein, wobei die ruthenische Bevölkerung vernachlässigt wurde.[228] Die Kirche, die in den Anfängen der habsburgischen Herrschaft in der Bukowina eine so wichtige Rolle in der Annäherung der Völker und in der Förderung der interethnischen und konfessionellen Toleranz spielte, trug nun zur Segregation der Bukowiner Bevölkerung bei.

Obwohl das Bildungswesen einen plurikulturellen Raum schuf und somit für das harmonische Miteinander andersstämmiger Jugendlichen plädierte, kreierte es – auch durch eben die Anerkennung und Einführung der nichtdeutschen Sprachen in die Schulen – paradoxerweise auch eine Spannung zwischen den Nationalitäten, was sich aber größtenteils durch die Außenwirkung politischer Faktoren erklären lässt. Gleichzeitig bot das Bukowiner Erziehungssystem einen günstigen Rahmen für die Entwick-

225 Nicolae Iorga, zitiert nach Van Drunen, Jeroen (2015), S. 48. Übersetzung aus dem Rumänischen von J.v.D.

226 Vgl. Ebd., S. 52.

227 Vgl. Stourzh, Gerald (1985), S. 132–133.

228 Vgl. Scharr, Kurt (2015), S. 232–234, 242–243.

lung und Modernisierung der nichtdeutschen Sprachen und wirkte auf diese Weise bei der Stärkung des Nationalbewusstseins mit.

III.4.2. Zur Sprachenfrage in Justiz und Verwaltung

Bei der Angliederung der Bukowina (1775) wurde von den habsburgischen Verwaltern ein niedriges Bildungsniveau unter den einheimischen Behörden festgestellt. Diese waren „nur" der rumänischen Sprache mächtig, konnten kaum oder gar nicht lesen und hatten keine besondere Fachausbildung,[229] was die neuen Machthaber dazu veranlasste, für juristische und administrative Stellen – als Schlüsselpositionen für die angestrebte Modernisierung der Region – gebildete Fachkräfte aus den anderen Teilen der Monarchie zu importieren. In diesem Sinne erläuterte General Spléný, der erste Militär-Commandant des Buchenlandes, in einem Brief an Joseph II. die Notwendigkeit der Anstellung ausländischer Beamter, die aber auch mit der walachischen (rumänischen) Sprache vertraut waren, und bemerkt dazu, die Bukowiner Bevölkerung hätte mehr Vertrauen in *fremde* als in autochthone Obrigkeit.[230] Diese Einstellung der Einheimischen zur Autorität könnte die eher konfliktfreie Installierung der neuen Macht zum Teil erklären.

Der Nachfolger Splénys, General Enzenberg, wiederholte das Ersuchen um zweisprachige Staatsdiener und empfahl, dass diese aus Siebenbürgen eingebracht werden, so dass sie das Rumänische auf gutem oder sogar muttersprachlichem Niveau beherrschten.[231] Bemerkenswert ist auch, dass Enzenberg die Nationalbeamten als dem österreichischen Staat wenig loyal betrachtete,[232] was die Machtposition der Habsburger in der Bukowina hätte gefährden können. Da sie außerdem angeblich fachlich nicht im Stande waren, die notwendigen verwalterischen und juristischen Reformen zu verwirklichen, besetzten die Nationalbeamten in den Jahren der Militäradministration nur die niedrigen Arbeitsplätze in dem sich aufbauenden Landesapparat, während die höheren Stellen – mit Ausnahme des aus Moldau stammenden Bojaren Vasile Balş (Basilius Balsch) – den ausländischen Beamten gehörten.[233] Die österreichischen Behörden begegneten in der neu erworbenen Region keiner soliden, (aus)gebildeten Schicht, die mächtig genug war, um sich in den Führungspositionen der neuen Verwaltung durchzusetzen.

Annektiert wurde die Bukowina in einer Zeit, in der sich die Vereinheitlichungsgedanken der Monarchen auf ihren Höhepunkt richteten. Bereits während seiner Mitregentschaft strebte Joseph II. einen wohlhabenden innerlich verbundenen österreichi-

229 Vgl. Scharr, Kurt (2010), S. 152–152.

230 Vgl. Zup, Iulia-Elena (2015), S. 18.

231 Vgl. Scharr, Kurt (2010), S. 148.

232 Vgl. Ebd., S. 151.

233 Ebd., S. 151–152.

schen Großstaat an, was seiner Meinung nach unter anderem durch die Umsetzung einer allgemeinen alleinigen offiziellen Sprache zu erreichen war. Angesichts ihres hohen Entwicklungsgrads und ihrer Verbreitung im Reich empfahl sich das Deutsche für diese hochrangige Aufgabe als geeignet. Eine solche Gesinnung konnte – unter den oben aufgeführten Umständen – in der Bukowina ohne große Bemühungen verwirklicht werden. Die Abwesenheit einheimischer Fachkräfte, die sich der einheimischen Sprache(n) beim Ausüben ihrer staatlichen Berufe gemäß den neuen Vorschriften – z.B. schriftlich – bedienen konnten, und die Einfuhr deutschsprachiger Beamten aus anderen Teilen der Monarchie, die schon mit den staatlichen Institutionen und ihrer Funktionsweise vertraut waren, erleichterten diesen Ausführungsprozess.

Dies bedeutet aber nicht, dass die neue Ordnung ohne Rücksicht auf die Bukowiner Bevölkerung oder auf die hier bereits existierenden regionalen Rechts- und Verwaltungsformen eingeführt wurden. In den ersten Jahren der Militärverwaltung wurde noch auf vorhandene Strukturen zurückgegriffen[234] und im Jahr 1782 beantworteten die moldauischen Bojaren auf 26 Fragen bezüglich des moldauischen Gewohnheitsrechts, die möglicherweise bei der Verfassung der österreichischen Gesetzbücher berücksichtigt wurden.[235] Es gab aber im Allgemeinen keinen bedeutsamen Widerstand der Bukowiner Bevölkerung gegen das schrittweise installierte habsburgische Staatssystem.

Auf diese Weise lässt sich die Tatsache erklären, dass sich das Deutsche als Hauptverkehrssprache der Bukowiner Justiz und Verwaltung Geltung verschaffte, eine Machtposition, die es auch nach 1848 – obwohl in einer irgendwie abgeschwächten Form – bewahrte.

Die Revolution von 1848 und die dadurch erhobenen Ansprüche bewirkten aber eine Reform der gesamtstaatlichen juristischen und administrativen Systeme, die sich auch in der Bukowina spüren ließ. Das Jahr 1849 markiert den Übergang von einer absoluten Monarchie zu einem modernen konstitutionellen Staat, was unter anderem Änderungen in der kaiserlichen Sprachenpolitik bedingte. Neben der deutschen Sprache sollten ab jetzt auch die anderen Landessprachen ihre Anerkennung in den Bereichen des öffentlichen Lebens genießen, wie es die Staatsverfassung und nachher auch die Landesverfassung der Bukowina vorschrieben. Die gesetzlich verankerte Gleichberechtigung der habsburgischen Sprachen hatte für die Gleichberechtigung der zusammenlebenden Völker zu sorgen und zielte dadurch auf die Zufriedenstellung der Bevölkerung hin. Dementsprechend sollten die Bürger ungeachtet ihrer unterschiedlich gestalteten sprachlichen Hintergründe sich der gleichen Rechte erfreuen und miteinander in Frieden leben.

Paradoxerweise trugen diese Vorschriften aber auch zur Distanzierung der Völker voneinander bei. Die sprachliche Gleichstellung bedeutete unter anderem, dass die In-

234 Ebd., S. 152–153.

235 Vgl. Zup, Iulia-Elena (2015), S. 12–13.

dividuen jetzt in vielen Situationen durch Verwendung ihrer eigenen Muttersprache zurechtkommen konnten (sollten). Die Zwei- oder Mehrsprachigkeit stellte sich nicht mehr als Notwendigkeit oder Zwang dar, was „zur Verringerung bi- und multilingualer Kommunikationssituationen in der Monarchie"[236] führte. Die Bürger waren nicht länger motiviert, eine zweite Sprache zu erlernen, und dies bedingte letztendlich auch eine Verminderung des Kontaktes zwischen ethnischen Gruppen.

III.4.2.1. Sprachgebrauch in Ämtern und Gerichten

Sowohl hinsichtlich der Verwaltungs- als auch der Justizanstalten muss ein Unterschied zwischen innerer und äußerer Sprache unter Berücksichtigung dessen gemacht werden, dass der sprachliche Gebrauch teilweise durch die am Kommunikationsakt teilnehmenden Seiten bedingt war.

Die innere Sprache, deren sich die staatlichen Institutionen beim Entwerfen und Bearbeiten interner Unterlagen sowie in ihrem Verkehr miteinander bedienten, betraf meistens die Reichs- und Landesregierung,[237] die eine transparente Kommunikation in und zwischen allen Gebieten der Monarchie und die Wirksamkeit des öffentlichen Apparats sicherstellen wollten. Aus diesem Grund schien die Einführung einer gemeinsamen Sprache für das ganze Reich gerechtfertigt. In der Bukowina galt das Deutsche seit der Regierung Josephs II. als vorwiegende innere Sprache der juristischen und administrativen Behörden[238] und genoss somit ein hohes Prestige in der Region, da seine Aneignung eine Voraussetzung für das Ergreifen staatlicher Berufe und für den professionellen Aufstieg war. Dies ermutigte eine funktionale Zweisprachigkeit[239] unter der einheimischen Bevölkerung, – deren Muttersprache nicht das Deutsche war, – die auch im Rahmen des oben beschriebenen Schulsystems gefördert wurde.

Selbst während der Zugehörigkeit der Bukowina zu Galizien-Londomerien (1786–1848 und kurzzeitig 1860) erfolgte der Verkehr zwischen den Behörden der zwei Regionen meistens auf Deutsch,[240] wobei aber angemerkt werden muss, dass ein Hofdekret vom 25. November 1786 die Anstellung eines Fiskaladjunkts in Lemberg anordnete, der auch der „wallachischen Sprache" kundig war.[241] Außerdem hatte das Landesgericht in Lemberg zwei Ratsmitglieder, einen Sekretär, einen Schriftführer, einen Kanzlist und einen Grundbuchverantwortlichen anzustellen, die das Rumänische fließend beherrschten.[242] Interessant in diesem Sinne sind auch die 1787 eingeleiteten

236 Wolf, Michaela (2012), S. 190.

237 Vgl. Stourzh, Gerald (1985), S. 99.

238 Hellbing, Ernst C. (1975), S. 251.

239 Vgl. Kremnitz, Georg (1990), S. 24.

240 Vgl. Scharr, Kurt (2010), S. 152.

241 Siehe Fischel, Alfred (1910), S. 36.

242 Vgl. Protopopescu, Lucia (1967), S. 115–116.

Diskussionen um den Bedarf eines rumänischen Übersetzers, der im Rahmen der Lemberger Regierung für die Übertragung administrativer und juristischer Texte zuständig sein sollte. Die Stelle wurde offiziell letztendlich auf die Übersetzung administrativer Urkunden beschränkt, denn die anzustellenden juristischen Landesbeamten des Rumänischen mächtig sein mussten. Der Siebenbürge Ion Budai-Deleanu, der unter anderem als rumänischer Übersetzer der galizischen Landesregierung tätig war, beschäftigte sich aber dabei auch mit Rechtstexten.[243] Das Rumänische wurde also – neben der meist unumstrittenen deutschen inneren Dienstsprache – mindestens in Bezug auf die sprachlichen Fähigkeiten der Beamten berücksichtigt.

Anders war die Situation im Falle der äußeren Sprache. Hier ging es um den Kontakt der Behörden mit den Laien, die in ihrer Mehrheit – vor allem bis 1848 – mangelhafte oder gar keine Deutschkenntnisse hatten. Mit der Entwicklung des Schulwesens und der Einführung von Deutschunterricht auch für die nichtdeutsche Jugend konnte die Position des Deutschen auch als äußere Amtssprache der Bukowina gestärkt werden, wobei wichtige Änderungen erst in der zweiten Hälfte des 19. Jahrhunderts erfolgten.

Für den äußeren Dienst der Bukowiner Verwaltung setzte ein ministerieller Erlass vom 9. Dezember 1860 die Gleichberechtigung der drei Landessprachen Deutsch, Rumänisch und Ruthenisch fest. Die Bürger genossen dementsprechend das Recht, sich einer dieser Sprachen in ihrem Verkehr mit den politischen Behörden zu bedienen und die Behörden waren ihrerseits verpflichtet, Eingaben und Anträge in diesen Sprachen zu bearbeiten und zu erledigen. Im Falle der autonomen Behörden galt – unter Befolgung des Art. 19 der Verfassung von 1867 – das Prinzip der Selbstverwaltung.[244] Nach dem neoabsolutistischen Zeitraum konnten sich also auch die Sprachen der anderen mehrheitlichen Volksgruppen im administrativen System durchsetzen, die vor allem als Folge der erzieherischen Leistungen und des sich herausbildenden Nationalbewusstseins große Fortschritte in ihrer Entfaltung als moderne Kommunikationsmittel erzielten.

Hinsichtlich des Sprachgebrauchs in Gerichten im Verkehr mit den Parteien gab es jedoch andere Regelungen. Das Deutsche bewahrte sein Primat als äußere Sprache der Bukowiner Gerichte bis zum Ende der habsburgischen Herrschaft. Wie erfolgte aber die Kommunikation zwischen Angehörigen verschiedener Sprachgruppen in einem so formellen Raum? Ein kaiserliches Patent vom Jahr 1788, das Strafgesetzbuch vom 3. September 1803 und die allgemeine Strafprozessordnung vom 29. Juli 1853[245] ordneten zum Beispiel den Einsatz von Dolmetschern in gerichtlichen Verhandlungen an, falls der Beschuldigte oder ein Zeuge nur eine den Behörden unbekannte Sprache beherrschten. Die Protokolle sollten sowohl die originären Fragen beziehungsweise

243 Siehe im Detail Ebd., S. 110–118.

244 Vgl. Hellbing, Ernst C. (1975), S. 251.

245 Siehe Fischel, Alfred (1910), S. 40, 47 bzw. 109.

Antworten als auch ihre Verdolmetschung schriftlich aufnehmen, aber ansonsten lief das ganze Verfahren in der „im Lande bei Gericht üblichen Sprache."[246] In der Bukowina war dies das Deutsche. Die anderen Landessprachen, Rumänisch und Ruthenisch, durften in den äußeren Dienst der Gerichte gemäß dem Erlass des Justizministeriums vom 17. August 1864 weiter eindringen. Demzufolge sollten „die Verhöre der Angeschuldigten und die Vernehmungen von Zeugen in Strafsachen *nach Thunlichkeit* in der Sprache des Vernommenen" aufgenommen werden, wobei „wenigstens aber die entscheidenden Stellen der Aussage des Beschuldigten oder des Zeugen in der romanischen oder ruthenischen Sprache, wenn ihm nur eine dieser Sprachen und nicht auch die deutsche Sprache verständlich ist, zu Protokoll zu bringen" waren. Falls die Gerichtsbeamten, der Staatsanwalt und der Verteidiger die Sprachen der nicht-deutschsprachigen Angeklagten beherrschten, sollte „die Verhandlung somit *nach Thunlichkeit* in diesen Sprachen erfolge[n] und das Urtheil, und *nach Möglichkeit* auch dessen Gründen, in diesen Sprachen kundgemacht werden."[247] Dazu enthielt der Erlass noch ähnliche Bemerkungen bezüglich der Protokollierung.

Die Tatsache, dass die Umsetzung des Rumänischen und des Ruthenischen in Gerichtsverfahren durch das Vermögen des Gerichtspersonals und den Mangel an Deutschkenntnissen seitens der Parteien bedingt war, weist darauf hin, dass es dabei um keine echte sprachliche Gleichberechtigung in den Bukowiner Gerichten ging. Trotzdem bedeuteten diese Maßnahmen eine Errungenschaft in Richtung der Behauptung des Rumänischen als eine der offiziellen Sprachen der Bukowina.

Ermöglicht wurde diese – nach Stourzh – durch drei Faktoren: die Entwicklung der juristischen Terminologie der nichtdeutschen Sprachen, die verfassungsrechtliche Verankerung des Gleichberechtigungsprinzips und die Intensivierung des Kontakts zwischen Behörden und Bürgern durch den Durchbruch der mündlichen und öffentlichen Verhandlungen.[248] Im Falle des Rumänischen verdankte sich die Herausbildung der juristischen Terminologie dazu noch einer intensiven Übersetzungstätigkeit. Mehr dazu im nächsten Kapitel.

III.4.2.2. Sprachgebrauch im Bukowiner Landtag

Mit dem Patent vom 26. Februar 1861 wurde die parlamentarische Ära für die Bukowina eröffnet. Der bereits 1848 angeforderte Landtag sollte demzufolge als „höchste[s] politische[s] Organ, was die Vertretung und Verwaltung der Landesangelegenheiten betraf,"[249] konstituiert werden und durfte als solches bis zum Untergang der

246 Laut der Gerichtsordnung für Westgalizien von 1796, die auch für die Bukowina galt. Zitiert nach Stourzh, Gerald (1985), S. 142.

247 Zitiert nach Fischel, Alfred (1910), S. 154–155, meine Hervorhebungen.

248 Siehe im Detail Stourzh, Gerald (1985), S. 140–141.

249 Ceaușu, Mihai Ștefan (2000), S. 2176.

Monarchie fungieren.[250] Die Zusammensetzung der Abgeordneten spiegelte den ethnischen Pluralismus der Bukowina wider, wobei alle Volksgruppen in unterschiedlichen Prozentsätzen vertreten waren. Dadurch lässt sich die Tatsache erklären, dass im Landtag auch eine sprachliche Pluralität existierte, die ein Konfliktpotenzial in sich barg.

Als Verhandlungssprachen wurden alle drei Landessprachen anerkannt: Deutsch, Rumänisch und Ruthenisch.[251] Die erste Sitzung des Bukowiner Landtags vom 19. April 1861 wurde in rumänischer Sprache, mit kyrillischen Schriftzeichen protokolliert,[252] was auf die Mehrheit der RumänInnen im Kronland und daher auch unter den Abgeordneten[253] zurückzuführen sein kann. Die sprachliche Routine, die aber bei diesen Versammlungen entwickelt wurde, entsprach der in der Region herausgebildeten Sprachenhierarchie. Die deutsche Sprache galt auch hier als gemeinsames Kommunikationsmittel aller Nationalitäten[254] und wurde bei den Debatten bevorzugt, unter anderem weil es den direkten Kontakt mit den Zuhörern sicherte und dadurch ein besseres Verstehen versprach. Infolgedessen konnte sich das Deutsche auch als vorwiegende Verhandlungs- und Protokollsprache des Bukowiner Landtags durchsetzen. Die Tatsache, dass die von Iancu Flondor einberufene Versammlung des Bukowiner Landtages von 1919 – nach der Vereinigung der Bukowina mit Rumänien – auf Deutsch geführt wurde,[255] bestätigt diese Machtposition der deutschen Sprache.

Besondere Beachtung verdient eine parlamentarische Debatte vom 11. September 1869,[256] in der ein Teil der rumänischen Abgeordneten für eine stärkere Berücksichtigung der rumänischen Sprache im Landtag plädierten. Zu Wort meldete sich zunächst Morariu Andriewicz als Vertreter der „interese[le] vitale ale poporului, și interesele culturii naţiunale, carea fără de respectarea și aplicarea limbei în afacerile vieţii publice nu poate face progresul dorit."[257] Er verlangte auf Grund der im Reichsgrundgesetz garantierten Gleichberechtigung aller Volksstämme die Anstellung eines rumänischen Stenographen für die schriftliche Aufnahme der rumänischen Reden und die zukünftige Verfassung von rumänischen Protokollen, die neben den deutschen zum Zweck der Authentifizierung vorgelesen werden sollten.

Der damalige Landeshauptmann und Vorsitzende Eudoxiu Hurmuzaki begrüßte – auch auf Rumänisch – die Initiative und erklärte sich dazu bereit, sie zu unterstützen.

---

250 Siehe im Detail Ebd., S. 2171–2198.

251 Vgl. Wenedikter, Richard (1934), S. 731.

252 Eine Kopie dieses Protokolls befindet sich in Wagner, Rudolf (1984), S. 96–97.

253 Für Details über die von Rumänen besetzten Sitze siehe Ceaușu, Mihai Ștefan (2000), S. 2183–2184.

254 Rudolf Wagner vergleicht diesbezüglich die Rolle des Deutschen mit der des Englischen in Indien. Siehe dazu Wagner, Rudolf (1984), S. 87.

255 Vgl. Zup, Iulia-Elena (2015), S. 25.

256 Eine Kopie des Protokolls für diese Debatte befindet sich in Rudolf Wagner (1984), S. 102–111.

257 Morariu Andriewicz in *Stenographisches Protokoll der II. Sitzung des Bukowinaer Landtages, den 11. September 1869,* zit. nach Ebd., S. 103.

Er bemerkte dazu, das Deutsche habe sich als Vortragssprache nicht durch Regelungen oder Vorschriften behauptet, sondern nur auf Basis seiner Verbreitung und „supt înspirația spiritului de pace."[258] Soweit es aber keine Übereinstimmung bezüglich der sprachlichen Übung mehr gab, sollte diese geändert werden.

Interessant ist die Stellungnahme eines anderen rumänischen Abgeordneten. Alexandru Petrino vertrat – auf Deutsch – die Meinung, dass die vorgeschlagenen Maßnahmen wohl willkommen aber gleichzeitig schwer umzusetzen wären. Die Übersetzung von Protokollen würde sicherlich zu Differenzen führen, die im Falle der heiklen im Landtag behandelten Angelegenheiten höchst problematisch sein könnten. Dazu müssten die zusätzlichen Kosten berücksichtigt werden, die durch Anstellung eines Stenographen für die rumänische Sprache entstehen würden, – ein Bedenken, das nachher auch vom Abg. Wilhelm von Alth geäußert wurde.

Als Antwort auf diese Kommentare folgte ein leidenschaftlicher Vortrag von Alexander Hurmuzaki, in dem er die sprachliche Gleichberechtigung als eine Sache der nationalen Würde bezeichnete:

> „Dlor [Petrino und Alth] au cercat a reduce o cauză atât de importantă, o cauză de însemnătate vitală, de drept și demnitate națiunală pentru noi, la o simplă și mică cestiune de regulamînt și de budget, pretinzând că trebuie să asceptăm, să cercetăm dacă regulamîntul și budgetul ne vor jerta, ne vor permite de a ne folosi de un drept, la care nici am pute renunția vreodată, pe care îl cuprinde și îl esprimă și constituțiunea in Art. 19 în cuvînte atît de chiare și lămurite. Nu admitem dar și nu vom admite nici odată, ca un drept, un drept sacru și fundamental ca acesta, înscris în constituțiune, dar mai adînc încă cu litere neperitoare în pepturile noastre, să poată fi supus discusiunei și să atîrne de la un paragraf de regulament și budget."[259]

Als Kompromiss wurde letztendlich die rumänische Aufnahme von Reden vorgeschrieben, nur wenn diese auf Rumänisch auch gehalten wurden.[260] Dass die Debatte zu keiner vollen Gleichstellung der Bukowiner Landessprachen im Landtag führte und dass die deutsche Sprache weiter den Vorrang in diesem Raum hatte, soll nicht als Benachteiligung der RumänInnen gegenüber den Deutschen verstanden werden, sondern eher als Präferenz für den Fortbestand einer sich als effizient darstellenden Kommunikationsstrategie. Ein Beweis dafür besteht in der Tatsache, dass ein Rumäne (Abg. Petrino) die Vorschläge seiner nationalen Mitbrüder mit gewissem Vorbehalt berücksichtigte. Die Initiative gilt auf jeden Fall als wichtiges Manifest der RumänInnen, das sowohl auf die Stärkung der rumänischen Nationalität als auch auf ihr Streben nach staatlicher Macht aufmerksam machte.

---

258 Eudoxiu Hurmuzaki, in *Stenographisches Protokoll der II. Sitzung des Bukowinaer Landtages, den 11. September 1969,* zit. nach Ebd., S. 104.

259 Ebd., S. 108.

260 Vgl. Van Drunen, Jeroen (2013), S. 252.

III.4.2.3. Sprachgebrauch in der Gesetzgebung

Während der Sprachgebrauch im Landtag und in anderen staatlichen Einrichtungen der Bukowina – wie auch in anderen Teilen der Monarchie – die Herausbildung von Machtbeziehungen und die Aushandlung von Macht betraf und deshalb auch Anlass zu Spannungen gab, konfigurierte sich in Bezug auf die Gesetzgebung eine eher konfliktlose sprachliche Praxis. Hier ging es um die Verbreitung und Bekanntmachung von Regelungen, die für das wirksame Funktionieren des Staates und für die Bewahrung der Ordnung besonders wichtig waren. Der Gesetzesinhalt sollte demzufolge allen österreichischen Bürgern zugänglich gemacht werden, wobei ihr ethnischer Hintergrund überhaupt keine Rolle spielen durfte. Dies bedeutete auf Grund der Heterogenität der habsburgischen Bevölkerung, dass die Gesetzestexte in mehreren Sprachen verfasst werden mussten, wobei die Gleichstellung der habsburgischen Völker auf sprachlicher Ebene gewährt werden sollte.

Für die Bukowina wurden zu diesem Zweck zahlreiche gesetzliche Vorschriften aus dem Deutschen ins Rumänische übersetzt. Diese umfangreiche und sich stetig intensivierende Übersetzungstätigkeit,[261] die kurz nach der Annektierung begann und bis zum Ende der Monarchie erfolgte, bestätigt die Anerkennung des Rumänischen als bedeutende autochthone Sprache und der Notwendigkeit seiner Verwendung für die Umsetzung der habsburgischen Rechts- und Verwaltungsnormen in der Region. Die Verfassung von 1849 erkannte Rumänisch und Ruthenisch als offizielle Landessprachen der Bukowina an,[262] deren neuer Status auch beim Abfassen von Gesetzen berücksichtigt wurde und unter anderem die Konfigurierung von Fachidiomen begünstigte. Das Landesgesetzblatt der Bukowina erschien somit vom 1850 bis 1918 auf Deutsch, Rumänisch und Ruthenisch.

Die Landessprachen der Bukowina fanden aber nicht nur auf lokalem, sondern auch auf staatlichem Niveau ihre Gleichberechtigung in der Gesetzgebung. Durch den Übergang der Monarchie zum konstitutionellen Staat und die verfassungsrechtliche Verankerung der Gleichberechtigung aller Völker wurde 1849 auch eine neue Epoche für die Entwicklung der Fachsprachen eingeläutet. Dazu trug die Veröffentlichung eines Reichsgesetzblattes erheblich bei, das in zehn Sprachen ausgefertigt werden sollte, wobei jede der zehn gleichzeitig zu erscheinenden Ausgaben als authentisch anerkannt wurde.[263]

1850 wies Justizminister Anton von Schmerling auf den großen Beitrag hin, den die Veröffentlichung des zehnsprachigen Reichsgesetzblattes in Bezug auf die Gleichstellung der Nationalitäten leistete:

261 Dies wird im nachstehenden Kapitel ausführlich behandelt.

262 Vgl. Zup, Iulia-Elena (2015), S. 17.

263 Gemäß der *Einleitung zu dem allgemeinen Reichs-Gesetz- und Regierungsblattes für das Kaiserthum Oesterreich* 1849, S. VI.

> „Das Reichsgesetzblatt mit seinem in zehn Sprachen redigierten Texte steht seit mehr denn einem Jahre in voller Wirksamkeit, und mag allen Völkern des Kaiserstaates zum lebendigen Beweise dienen, daß es Eurer Majestät Regierung mit der Durchführung der verfassungsmäßig zugesicherten Gleichberechtigung aller Nationalitäten, so weit dieselbe, selbst mit den größten Opfern und bis an die äußerste Grenzlinie praktischer Ausführbarkeit, nur immer möglich bleibt, voller und heiliger Ernst ist.“[264]

Die Gleichberechtigung der Sprachen in der Gesetzgebung war demzufolge synonym mit der Gleichberechtigung der Nationalitäten – eine Idee, die in Cisleithanien auch nach 1867 gültig blieb, während Ungarn das Ungarische als allgemeine Staatssprache gesetzlich festlegte,[265] derer alle Bürger mächtig sein sollten, um ihre Rechte genießen zu können.

Wegen der unbefriedigenden nicht-deutschen Texte, deren Richtigkeit in zu vielen Fällen zweifelhaft war, und der riesigen Kosten für die Erstellung und den Druck der zehn Ausgaben wurde ab dem 1. Jänner 1853 – auch rückwirkend – nur der deutsche Text als authentisch anerkannt. Außerdem hatte das Reichsgesetzblatt ab dem Moment nur auf Deutsch zu erscheinen, während seine Übersetzungen den Landesgesetzblättern hinzugefügt werden sollten.[266] Dies bedeutete eine Rückkehr zur Vorzugsstellung der deutschen Sprache als allgemeine Staatssprache, was auch im Einklang mit der damals betriebenen neoabsolutistischen Politik war.

Selbst wenn das Reichsgesetzblatt wieder auch in den anderen Sprachen veröffentlicht wurde – auf Rumänisch passierte das ab 1870, – galt nur der deutsche Text als authentisch, während die anderen den Status offizieller Übersetzungen hatten.[267] In Bezug auf Gesetzgebung können wir also auch nicht über eine komplette – wenn das überhaupt möglich ist – Gleichstellung der habsburgischen Sprachen sprechen. Als Abfassungssprache des ursprünglichen, authentischen Gesetzestextes bewahrte das Deutsche seinen Vorrang vor den anderen Sprachen der Monarchie bis 1918.

---

264 „Allerunterthänigster Vortrag ...“ vom 20. Dezember 1849; in: 61. Beilage-Heft zum RGBl. 1850, S. 337, zit. nach Slapnicka, Helmut (1974), S. 449.

265 Vgl. Haslinger, Peter, S. 100.

266 Vgl. Slapnicka, Helmut (1974), S. 449–450.

267 Vgl. Auszug aus dem Gesetz vom 10. Juni 1869, zitiert bei Fischel, Alfred (1910), S. 180.

Kapitel IV: Zur Entfaltung der rumänischen juristisch-administrativen Terminologie

Der habsburgische Vielvölkerstaat räumte dem Rechtswesen eine wichtige Rolle ein und kümmerte sich intensiv um seine Modernisierung und Anpassung an die sich ständig entwickelnde Realität. Gesetze und Regelungen wurden durch Berücksichtigung der ethnischen, sprachlichen und konfessionellen Besonderheiten der Bevölkerung geschaffen, um Ordnung und Ruhe zu gewährleisten und den Gesamtstaat durch die Disziplinierung, aber auch die Zufriedenstellung der Bürger zu konsolidieren. Die Gestaltung, die Umsetzung und das gute Funktionieren eines starken Rechtssystems verlangten die gute Kommunikation zwischen den Fachleuten der habsburgischen Gebiete und die effiziente Verbreitung von Informationen. Unerlässlich für diesen Zweck war eine juristisch-administrative Fachsprache, die sich durch eine Sonderterminologie auszeichnete.

Als Teil der Habsburgermonarchie (1775–1918) errichtete die Bukowina ihr Rechtswesen gemäß den Anweisungen des kaiserlichen Hofes und in Übereinstimmung mit den modernen Ideologien, die mit Hilfe von aus dem Westen umgesiedelten Beamten in die Bukowiner Justizämter und -institutionen Eingang fanden. Insbesondere in der inneren, aber oft auch in der äußeren juristischen Kommunikation wurde das Deutsche als vorrangige Verkehrssprache verwendet. In Bezug auf juristisch-administrative Sprache und Terminologie – aber nicht nur – war das Deutsche zu Beginn der habsburgischen Herrschaft im Buchenland zweifelsohne die am weitesten entwickelte unter den Sprachen dieses von Vielfalt gezeichneten Gebiets. Mit der Zeit wurde die rumänische Fachsprache bereichert und modernisiert, damit sie die juristisch-administrativen Neuerungen beschreiben und zur Verbreitung gesetzlicher Regelungen auch unter den Nichtdeutschsprachlern beitragen konnte.

In diesem Kapitel werden die rumänischen juristisch-administrativen Termini in der habsburgischen Bukowina im Vergleich zu der deutschen, aber auch zu der im Königreich Rumänien gebrauchten Terminologie untersucht. Dabei darf die intensive Übersetzungstätigkeit, die für das Übertragen wichtiger deutscher Rechtstexte ins Rumänische sorgte, eine hochrangige Stelle besetzen. Als Forschungsmaterialien dienen zu diesem Zweck das österreichische *Allgemeine bürgerliche Gesetzbuch*, das *Reichsgesetzblatt*, das juristisch-politische Wörterbuch von Aurel Onciul und Florea Lupu (1895) und das *Bürgerliche Gesetzbuch* (*Codicele civile*) für Rumänien (1865). Aus den letzteren drei Quellen wurden auch rumänische und deutsche juristisch-administrative Termini gesammelt, die in diesem Kapitel vergleichend analysiert werden.

Die in Unterkapitel IV.5. angeführten Beispiele werden nur selektiv in Form von Tabellen oder Wortlisten angeboten, um die Schlussfolgerungen, zu denen wir gekommen sind, widerzuspiegeln. Eine komplette Auflistung der juristisch-administrativen Termini, die wir aus drei doppelsprachigen Ausgaben der Reichsgesetzblätter (aus den

Jahren 1849, 1870 bzw. 1916) und aus dem juristisch-politischen Wörterbuch von Aurel Onciul und Florea Lupu (1895) extrahiert haben, befindet sich in Teil IV.5.3. der Arbeit im Rahmen eines deutsch-rumänischen Glossars, in das wir auch etymologische Angaben eingefügt haben. Es handelt sich dabei keineswegs um eine erschöpfende Analyse der genannten Werke oder des 1865 im Königreich Rumänien erschienenen bürgerlichen Gesetzbuches, sondern um die Auswertung ausgewählter Daten, die für unsere Zielsetzung relevant sind und die unserer Meinung nach generalisiert werden können, um den damaligen sprachlichen Kontext zu beleuchten.

IV.1 Grundlagen der modernen rumänischen Sprache

Die von uns untersuchte Periode gilt als die moderne Epoche in der Entfaltung der rumänischen Hochsprache. In Folge der Revolution von 1848 durchliefen die rumänischsprachigen Räume eine Phase der staatlichen Reformierung nach konstitutionellen Prinzipien, was unter anderem zahlreiche Innovationen in den Bereichen des öffentlichen Lebens hervorrief. Obwohl die Verwaltung dieser Gebiete von unterschiedlichen Großmächten bestimmt war, kamen sie alle – doch in unterschiedlicher Weise – mit den westlichen Gedanken in Kontakt. Die Durchsetzung der neuen Ideologie und der ihr spezifischen staatlichen Strukturen verlangte auch eine Modernisierung und terminologische Anpassung der – obwohl sich entwickelnden – noch rudimentären Vernakularsprache. Im juristisch-administrativen Bereich war dieser Erneuerungsprozess besonders günstig für die Anregung sprachschöpferischer Kräfte, wie sich auf den folgenden Seiten veranschaulichen lässt.

Um die terminologische Entwicklung zwischen den Jahren 1848 und 1918 besser zu verstehen, lohnt es sich, in die frühere Vergangenheit zurückzublicken und die ersten Ansätze für die Modernisierung der rumänischen Sprache kurz zu beleuchten. Pionierarbeit in diesem Sinne wurde bereits Anfang des 18. Jahrhunderts von Dimitrie Cantemir (1673–1723) geleistet, der in seinen Schriften (vor allem in *Hronicul vechimii a romano-moldo-vlahilor* und *Description Moldaviae*) die romanischen Wurzeln des rumänischen Volkes und die Latinität der rumänischen Sprache belegte. Auf diese zwei Fundamente baut sich später die kollektive Identität der RumänInnen als Nationalität auf, wovon die Herausbildung der modernen rumänischen Sprache wesentlich und nachhaltig geprägt wird.[268] Cantemir war der Meinung, die rumänische Sprache besitze einen edlen Charakter dank ihrer lateinischen Ursprünge, den es zu pflegen und zu verstärken gilt, und bewertete die slawischen Einflüsse als barbarisch.[269]

Besonders wichtig sind auch seine Anmerkungen bezüglich der deutlichen sprachlichen Verknüpfungen zwischen den rumänischen Gebieten. Die Idee, dass es sich da-

268 Vgl. Munteanu, Eugen (2015), S. 55–56.

269 Siehe im Detail Ebd., S. 55–57.

bei trotz einiger phonetischer Unterschiede um die gleiche Sprache handele,[270] weist auf eine bestimmte Einheit der verstreuten RumänInnen hin und begünstigt die Gedanken an Vereinigung.

Auf den Argumenten von Cantemir aufbauend beschäftigten sich die Vertreter der kulturellen Gruppierung *Şcoala Ardeleană* – darunter Ion Budai-Deleanu (1760/1763–1820) – intensiv mit der historischen Legitimierung der rumänischen Nationalität. Als Verbreiter des aufklärerischen Geistes unter den RumänInnen arbeiteten sie auf die kulturelle und intellektuelle Erhebung der rumänischen Massen hin, unter anderem um politische Macht zu gewinnen und sich einen besseren Status denn „toleriertes Volk" in Siebenbürgen zu verschaffen. Zu diesem Zweck wurde die Modernisierung der Schriftsprache zur Priorität, wobei eine Loslösung vom slawischen Kulturraum und eine Orientierung nach Westen erfolgen sollte. Dabei setzten sie sich für die Bestätigung und Verwertung der Latinität des Rumänischen ein, indem sie zum Beispiel verschiedene Grammatik-, Lehr- und Wörterbücher veröffentlichten.[271] Ihr vorrangiges Ziel war nicht nur die Wiederentdeckung alter sprachlicher Ursprünge, sondern vielmehr auch diese Ideen unter den RumänInnen zu verbreiten und dadurch – wie Ion Lihaciu und Ana-Maria Minuţ zutreffend bemerken – „ein Bewusstsein zu schaffen, dass das Rumänische vom Lateinischen abstammt."[272] Um die angestrebte sprachliche Reform erfolgreich zu verwirklichen, musste eine Großzahl rumänischsprachiger Individuen erreicht und sensibilisiert werden, damit diese die vorgeschlagenen Erneuerungen freiwillig und mit Zuversicht annehmen.

Alle diese Gedanken leiteten auch den eminenten Kulturmenschen Ion Heliade Rădulescu (1802–1872) in seiner Tätigkeit, der sich für die Konfigurierung einer einheitlichen rumänischen Hochsprache als Grundlage einer modernen Kultur engagierte. Dementsprechend plädierte er für die Entfernung slawischer Elemente aus der rumänischen Sprache und nahm sich vor, das moderne Rumänisch nach dem Muster der westlichen „înţelepte şi gânditoare"[273] Nationen zu gestalten. Als bestgeeignetes Vorbild für die Festlegung einer modernen Orthographie stellte sich seiner Meinung nach das Italienische dar, in dem das Geschriebene dem Gesprochenen entspricht.[274]

Die Bemühungen in Richtung einer Latinisierung und Okzidentalisierung gelten somit als leitende Prinzipien in der Modernisierungsphase der rumänischen Sprache. Auch wenn diese den rumänischen Wortschatz deutlich bereichert haben, wurden sie zuweilen auch als übertrieben empfunden. In diesem Sinne warnt Titu Maiorescu (1840–1917) vor einer potenziellen Irreführung durch solche extreme Ansichten, indem er treffend bemerkt, dass der Verzicht auf alle im Rumänisch existierenden Wör-

270 Vgl. Ebd. S. 56.

271 Siehe im Detail Ebd., S. 57–61.

272 Lihaciu, Ion/Minut, Ana-Maria (2015), S. 132.

273 Zitiert nach Munteanu, Eugen (2015), S. 62.

274 Siehe im Detail Ebd., 61–63.

ter slawischen Ursprungs nicht nur utopisch, sondern auch gefährlich für die Nationalkultur sei.[275]

Das Lateinische konnte sich auf jeden Fall als wichtigste Inspirationsquelle für die rumänischen Intellektuellen, die sich mit der Kultivierung und Standardisierung der rumänischen Sprache befasst haben, durchsetzen. Einerseits erforschten und dokumentierten sie die lateinischen Ursprünge des Rumänischen, verankerten es in der frühen Vergangenheit und schenkten ihm eine alte, edle Tradition. Andererseits schufen sie die Grundlagen einer modernen okzidentalen Sprache, indem sie die im Rumänischen bereits enthaltenen lateinischen Termini den slawischen bevorzugten und neue solche Begriffe übernahmen, die sie gegebenfalls ans Rumänische anpassten. Dadurch gewährten sie ihrer Muttersprache eine historische Kontinuität und einen besonderen Platz unter den abendländischen Sprachen.

IV.2. Das Übersetzungsphänomen: mehr als Wörter

Gedanken über dieses Thema[276] sind bereits seit Urzeiten in Worte gekleidet worden, vor allem von denjenigen, die mit Übersetzungen entweder beauftragt wurden oder sich aus eigener Initiative an diese wagten. Dadurch nahmen sich die Übersetzer vor, ihr Arbeitsverfahren – auch für sich selbst – zu erklären, aufgetretene Schwierigkeiten zu erläutern, Übersetzungsoptionen zu rechtfertigen und eventuell Ratschläge für die anderen zu erteilen. Dies passiert heutzutage immer noch, doch die Definition des Übersetzens und die Perspektiven auf das ganze Übersetzungsphänomen haben sich im Laufe der Zeit deutlich geändert.

Was eine lange Zeit als exklusiv oder vornehmlich linguistische Tätigkeit galt, gewann durch die kulturelle Wende (*Cultural turn*)[277] im 20. Jahrhundert neue Dimensionen. Das Übersetzen, das früher als Sünde[278] betrachtet und sogar als unmöglich[279] eingestuft wurde, genießt in den letzten Jahrzehnten seine Anerkennung als komplexes Verfahren, das an den dynamischen Prozessen innerhalb eines oder mehrerer Kulturräume teilnimmt. Beim Übersetzen handelt es sich somit nicht nur um sprachlichen, sondern um kulturellen Transfer und die Übersetzer gelten nicht nur als

275 Vgl. Ebd., S. 69.

276 Eine hochwertige Sammlung solcher Gedanken bietet das Buch *Translation, History, Culture,* in dem André Lefevere die Bemerkungen der Übersetzer nach übermittelten Botschaften gruppiert. Siehe dazu Lefevere, André (1992).

277 Siehe im Detail Wolf, Michaela (2012), S. 35–40.

278 Laut dem hebräischen Text *Megillath Taanith* wurde die Übersetzung des Gesetzes ins Griechische mit drei Tagen totaler Finsternis bestraft. Siehe dazu Steiner, George (1976), S. 239.

279 U.a. aufgrund des Mangels an perfekten wörtlichen Äquivalenten zwischen verschiedenen Sprachen. Zur Durchsetzung dieses Mythos der Unmöglichkeit des Übersetzens trugen auch die Theorien von Wilhelm von Humboldt, Edward Sapir und Benjamin Lee Whorf, gemäß deren die Weltsicht der Menschen durch Sprache prädeterminiert ist. – Siehe z.B. Mounin, Georges (1967), S. 73–77.

Sprachvermittler, sondern „als eine Art »verbindendes Gewebe« zwischen den Kulturen [...] und sind in ihren jeweiligen Entstehungskontexten in soziale Netzwerke eingebunden, die sie als konstruierende und konstruierte Subjekte erscheinen lassen."[280]

Die Wege in diese Richtung wurden unter anderem von Hans Vermeer und Katharina Reiß eröffnet, die bei der Entwicklung der Skopostheorie auf die kulturellen Verknüpfungen eines Textes aufmerksam machen und die Bikulturalität des Übersetzers[281] als Voraussetzung einer guten Übersetzung darstellen. Auch Mary Snell-Hornby plädiert gegen Ende des 20. Jahrhunderts für die Behandlung der Texte als Teile eines kulturellen Gewebes[282] und begrüßt die sich konturierende neuorientierte Übersetzungswissenschaft. André Lefevere und Susan Bassnett fügen dazu Überlegungen über das Verhältnis zwischen Macht und Übersetzungen, sowie Manipulation durch Übersetzungen hinzu: "Translation is, of course, a rewriting of an original text. [...] Rewriting is manipulation, undertaken in the service of power."[283]

Im Anschluss an die postcolonial studies entwickelte sich in den letzten Jahren eine weitere Perspektive auf die Translation, die dadurch neue Dimensionen und neue Bedeutungen bekommt. Der von Homi Bhabha übernommene Begriff der *cultural translation*[284] bezieht sich nicht unbedingt auf einen zwischensprachlichen Transfer, sondern gilt als „metaphorische Ausweitung des Übersetzungsbegriffs"[285] und „meint zumeist die Übertragung von Vorstellungsinhalten, Werten, Denkmustern, Verhaltensmustern und Praktiken eines kulturellen Kontextes in einen anderen."[286] Durch kulturelle Übersetzung werden kulturelle Elemente nicht in intakter Form neu positioniert, sondern einem Prozess der De- und Rekontextualisierung unterworfen, der unvermeidlich Änderungen und Anpassungen, Bedeutungswechsel oder Bedeutungserweiterungen einbezieht.[287] Die Relevanz dieser Umformungen wird zum Beispiel von Roberto Dainotto in einem Artikel behandelt, in dem er die versagte Translation (im übertragenen Sinne der kulturellen Übersetzung) der französischen Revolution im Neapolitaner Raum illustriert.[288] In Anlehnung an die Überlegungen einer der Hauptfiguren der Neapolitaner Revolution, Vincenzo Cuoco, schlussfolgert er, dass es sich dabei um eine "passive translation"[289] handelte, bei der die Vermittler die Eigenschaften des Zielraums nicht berücksichtigt hatten und somit den übertragenen Inhalt

280 Wolf, Michaela (2012), S. 14.

281 Siehe z.B. Vermeer, Hans J. (1986), S. 36–39, und Reiß, Katharina, (1995), S. 47–66.

282 Sie empfiehlt u.a. die Eingliederung der im Übersetzungsunterricht zu bearbeitenden Texte in realen Situationen, als Teile von Kulturen. Siehe dazu Snell-Hornby, Mary (1986), S. 26.

283 Lefevere, André / Bassnett, Susan in der Einleitung zu Lefevere, André (1992), S. XI.

284 Vgl. Wagner, Birgit (2009), S. 1.

285 Wagner, Birgit (2009), S. 1.

286 Ebd.

287 Vgl. Rössner, Michael (2012), S. 41 und Wagner, Birgit (2012), S. 57.

288 Siehe Dainotto, Roberto (2012), S. 187–201

289 Ebd., S. 199.

der revolutionären Ideen nicht entsprechend rekontextualisieren konnten, um das Zielpublikum zu erreichen und sensibilisieren.

Solche Ansätze erlauben uns, die Übersetzung von Rechtstexten in der und für die Bukowina als kulturelles Phänomen zu betrachten, das unter anderem von den Machtbeziehungen in diesem Raum beeinflusst wurde, aber auch zu ihrer Konfigurierung beitrug. Obwohl der Begriff „Übersetzung" sich durch die postkoloniale Perspektive vom zwischensprachlichen Verfahren distanziert, wobei dieses z.B. bei Michaela Wolf „o procedură intrinsecă a oricărui proces de comunicare"[290] bezeichnet, beschränken wir uns in diesem Kapitel auf die Übersetzung als schriftliche, aber doch kulturbedingte und kulturschaffende Übertragung eines Textes aus einer Sprache in eine andere, indem wir die deutsch-rumänischen Übersetzungen in der und für die Bukowina untersuchen.

IV.3. Die Qual des Übersetzers

Und so ist jeder Übersetzer anzusehen, daß er sich als Vermittler dieses allgemein geistigen Handels bemüht, und den Wechseltausch zu befördern sich zum Geschäft macht. Denn, was man auch von der Unzulänglichkeit des Übersetzens sagen mag, so ist und bleibt es doch eins der wichtigsten und würdigsten Geschäfte in dem allgemeinen Weltwesen.

Der Koran sagt: „Gott hat jedem Volke einen Propheten gegeben in seiner eignen Sprache." So ist jeder Übersetzer ein Prophet in seinem Volke.

Johann Wolfgang von Goethe, 1827

Obwohl die Übersetzungen eine Realität darstellen, der wir jeden Tag begegnen, wurden ihre Rolle, die Notwendigkeit und sogar die Möglichkeit ihrer Ausübung mehrmals bezweifelt. Zahlreiche Gelehrte, die sich mit dem Thema auseinandergesetzt haben, lieferten plausible Argumente für und gegen ihre Durchführbarkeit und bewiesen durch wertvolle Untersuchungen die Komplexität des Übersetzungsphänomens. Mit dieser unbestrittenen Komplexität müssen die Übersetzer zurechtkommen, um ihre Aufgabe als Vermittler so gut wie möglich zu erfüllen, wobei sie unterschiedlichen Anforderungen unterworfen sind.

In Überlegungen über die Genese der Sprachen gilt die biblisch erzählte babylonische Sprachverwirrung als Entstehungsmoment der Mehrsprachigkeit, in Folge dessen sich der Bedarf ergab, neue Kommunikationswege zu entwickeln. Somit entstand die Translation als Mittel des zwischensprachlichen Verkehrs, die im Laufe der Zeit unterschiedliche Formen nahm. Die Tatsache, dass der Ursprung der Translation durch die Bibel dargestellt wird, erklärt einige der später formulierten Stellungnah-

290 Schippel, Larisa (2017), S. 103.

men zu dieser Tätigkeit. In diesem Sinne erscheint zum Beispiel der im französischen Raum bis ins 19. Jahrhundert überlebende Gedanke, dass die Sprachen desto reiner sind, je mehr sich ihre Wurzel dem Ursprung der Welt nähern. Dementsprechend sei „die Sprachengeschichte die Geschichte des Verfalls der Sprachen,"[291] Auch in Verbindung mit religiösen Ansichten plädierte der Schutzpatron der Übersetzer, Hieronymus, für eine Wort-für-Wort-Übersetzung des Wortes Gottes, denn „In der Heiligen Schrift [...] ist auch die Wortstellung ein Mysterium."[292] Aus dieser Art von Übersetzungen ergab sich die Frage der wortwörtlichen Äquivalenz, durch die manche Sprachwissenschaftler ihre Theorien der Unmöglichkeit der Übersetzung untermauern konnten.

Fakt ist aber, dass Übersetzungen doch existieren, auch wenn ihre Qualität manchmal fragwürdig ist. Wie entstehen dann Übersetzungen, womit werden die Übersetzer konfrontiert und wie bewältigen sie ihre Aufgabe?

Ein Perspektivwechsel bezüglich religiöser Texte – der sich aber auch im literarischen Bereich auswirkte – wurde bereits von Martin Luther eingeleitet, dessen vollständige Übersetzung der Bibel ins Deutsche als Grundlage zur Schaffung der modernen deutschen Sprache diente. Die Arbeit daran bewegte Luther dazu, einen *Sendbrief vom Dolmetschen* zu verfassen, in dem er seine Übersetzungsoptionen rechtfertigte. Seiner Meinung nach soll sich der Übersetzer nicht an die Wörter und Buchstaben des Originals klammern, sondern sich bemühen, dessen Sinn wiederzugeben und dies in einer Sprache, die den Lesern des Zieltextes zugänglich ist.[293] Wichtiger war für ihn, die Botschaft des Textes zu übertragen. Der Mangel an perfekten wortwörtlichen Äquivalenten zwischen Ausgangs- und Zielsprache scheint somit nicht mehr so gravierend zu sein, doch dem Übersetzer stehen noch weitere Hindernisse entgegen.

Der französische Philosoph Paul Ricoeur analysiert die Einstellung der Übersetzer und präsentiert die Übersetzungsarbeit als eine dramatische Erfahrung, die häufig zum Scheitern verurteilt zu sein scheint. Bereits vor der Arbeit wird der Übersetzer von einer tiefen Unruhe erfasst, die ihn dann bei der Arbeit durchgehend terrorisiert. Die Auseinandersetzung mit dem Text wandelt sich in einen Kampf um, an dessen Ende der Übersetzer in Unzufriedenheit versinkt: „Nous avons suivi le traducteur depuis l'angoisse qui le retient de commencer et à travers la lutte avec le texte tout au long de son travail; nous l'abandonnons dans l'état d'insatisfaction où le laisse l'ouvrage terminé."[294] Die Arbeit quält den Übersetzer, der auf eine perfekte, vollkommene Übersetzung abzielt und sich gleichzeitig dessen bewusst ist, dass sie nie erreicht werden kann. Und doch strebt er danach.

So wie die Vertreter der oben beschriebenen kulturorientierten Übersetzungswis-

291 August Schleicher, zitiert nach Mounin, Georges (1967), S. 37.

292 Hieronymus, zitiert nach Ebd., S. 30.

293 Vgl. Ebd., S. 31.

294 Ricoeur, Paul (2004) *Sur la traduction,* Paris: Bayard, S. 15.

senschaft betont Ricoeur die doppelte Rolle, die der Übersetzer annehmen muss, und zwar als Mediator zwischen Sprachen, aber auch zwischen Kulturen. Auf diese Weise vermittelt er zwischen dem Leser und dem *Fremden*, in dem der Autor, sein Werk und seine Sprache eingeschlossen sind. In seiner Darlegung bezieht sich Ricoeur auf die Ideen von Franz Rosenzweig und Friedrich Schleiermacher, wonach der Übersetzer zwei Herren zu dienen hat, dem Leser und dem Fremden, die mit Hilfe der Übersetzung zueinander finden sollten. Dabei stößt er auf einen nicht zu unterschätzenden Widerstand von beiden Seiten, denn der Leser nimmt Fremdheit oft nur zögernd an und der Text lässt sich auch nicht so einfach domestizieren. In diesem Rahmen muss der Übersetzer ständig darum kämpfen, den beiden Seiten treu zu bleiben, was vielmals unmöglich scheint.[295]

Davon ermüdet läuft er Gefahr, sich vornehmlich einer Seite zu widmen und die übersetzten Texte dementsprechend zu gestalten. So entstanden zum Beispiel die berühmten *belles infidèles*, Übersetzungen, die sich durch eine extreme Ziel- und Leserorientiertheit auszeichneten, die natürlich auch eine Distanzierung vom Fremden und gleichzeitig eine Entwertung des Andersseins bedeutete. Diese galten als verbesserte Versionen der unvollkommenen Originale, wie der Franzose Nicolas Perrot d'Ablancourt (1606–1664), einer der Hauptvertreter dieses translatorischen Ansatzes, öffentlich bekundet:

> "I do not always stick to the author's words, nor even to his thoughts. I keep the effect he wanted to produce in mind, and then I arrange the material after the fashion of our time. Different times do not just require different words, but also different thoughts [...] What I have produced is certainly not a translation, properly speaking. It is better than a translation [...]"[296]

Solche Einstellungen zum Übersetzen erklären sich unter anderem dadurch, dass der Zielkulturraum als wertvoller und erhabener – oder vielleicht nur für die gegenwärtigen Zeiten geeigneter – denn der Ausgangskulturraum[297] betrachtet wurde. Die Übersetzungen sollten der Bereicherung der autochtonen Kultur dienen, aber nur durch von Übersetzern ausgewählten und bearbeiteten Ideen und Modelle. Der Übersetzer war also ein Bewerter und galt dabei als Filter zwischen Kulturräumen, indem er entschied, was und wie in die eigene Kultur übernommen werden sollte. Obwohl diese Art von Übertragungen kritisiert wurde und in bestimmten Situationen – z.B. beim Über-

295 Vgl. Ebd., S. 66–68.

296 Nicolas Perrot d'Ablancourt, zitiert nach Lefevere, André (1992), S. 36–37. Alle Zitate in dem Buch werden von Lefevere auf Englisch angeführt.

297 Georges Mounin präsentiert ein Paradox des französischsprachigen Raums des 16. und 17. Jahrhunderts. Parallel zu den Gedanken, wonach Griechisch und Lateinisch den neueren Sprachen überlegen waren, verbreitete sich unter den Franzosen die Meinung, sie hätten einen kulturellen Höhepunkt erreicht, so dass alle äußeren Elemente nicht zuletzt mit Hilfe der Übersetzungen den einheimischen Normen angepasst werden sollten. Siehe dazu Mounin, Georges (1967), S. 36–39.

setzen von Fachtexten – eher ungeeignet ist, liefert sie ein deutliches Beispiel der vom Übersetzer assumierten Bevorzugung der einzubürgernden Translation.

Wenn wir mit Michael Rössner annehmen, dass "translation is a process which does not come to an end with the apparently definitive act of communication such as a printed edition of a text,"[298] können wir behaupten, dass die Leistung der Übersetzer unvergänglich ist. Dies betrifft nicht nur die Übersetzer von literarischen, philosophischen oder religiösen Texten, sondern auch die Übersetzer der von uns untersuchten Gesetzblätter, da ihre Übersetzung – wie wir im Folgenden aufzeigen werden – nicht eine bloße Übertragung juristischer Vorschriften aus einer Sprache in die andere bedeutete, sondern als wichtiger Prozess gilt, der unter anderem zum Aufbau eines modernen Rechtssystems, zur Entwicklung der rumänischen Hochsprache und auch zur Stärkung des Kollektivbewusstseins des rumänischen Volkes beigetragen hat.

Um seine Aufgaben effizient zu erledigen, sollte der Übersetzer nach Ricoeur – vielleicht sogar vor jedem neuen Auftrag – auf das Ideal der perfekten Übersetzung verzichten, ihre Inexistenz anerkennen und um diese trauern.[299] Auf diese Weise erfolgt eine Entdramatisierung der theoretisch argumentierten Unübersetzbarkeit,[300] so dass der Übersetzer sich endlich mit Zuversicht an die neue Aufgabe begeben kann und die vielfältigen Möglichkeiten, die in seiner Arbeit stecken, einsieht. Somit nimmt er seine Rolle als Kulturvermittler an, um kulturelle Elemente zu konstruieren und kulturelle Verknüpfungen zu schaffen. In anderen Worten erneuert er die Kulturräume, in denen er sich bewegt und von denen er auch konstruiert wurde[301] beziehungsweise unentwegt konstruiert wird.

Vom Beitrag der Übersetzungen zur sprachlichen Entwicklung und von der Macht, die der Übersetzer dadurch zugewiesen bekommt, wurde schon mehrfach berichtet. Der spanische Humanist Juan Luis Vives (1492–1540) schreibt in diesem Sinne über die schöpferische Rolle des Übersetzers, wobei er auch auf seine translatorischen Fähigkeiten hinweist:

> „Languages benefit greatly if *skillful* translators dare to give some foreign figure of speech or style to their nation, as long as it does not deviate too much from that nation's customs and general way of life. They can also imitate the language of the original, using it as a kind of matrix, and *invent or construct new well-formed words* to enrich the language they translate into."[302]

298 Rössner, Michael (2012), S. 41.

299 Vgl. Ricoeur, Paul (2004), S. 71–74.

300 Vgl. Jeanrenaud, Magda (2005).

301 Über die kulturelle und soziale Konstruiertheit der Vermittlungsfiguren (darunter auch Übersetzer) schreibt auch Michaela Wolf. Siehe zum Beispiel Wolf, Michaela (2012), S. 14, 21 und 44.

302 Juan Luis Vives, zitiert nach Lefevere, André (1992), S. 51, meine Hervorhebungen.

Auch der französische Dichter und Übersetzer Jacques Delille (1738–1813) betont die Relevanz des zwischensprachlichen Verkehrs für die Bereicherung der Zielsprache. Dabei betrachtet er das Fremde als Angebot neuer und wertvoller Elemente, die der eigenen Sprache fehlen:

> „I have always thought of translation as a way to enrich a language. If you write an original work in a particular language you are likely to exhaust that language's own resources, if I may say so. If you translate, you import the riches contained in foreign languages into your own, by means of felicitous commerce."[303]

Beim Verfassen von Übersetzungen bedienen sich die Übersetzer ihrer Kreativität in stärkerem oder geringerem Maße, wobei sie eventuell neue Ausdrucksweisen oder Wörter kreieren, und können durch Importieren von Ideen auch neue Denkarten gestalten. Wenn wir annehmen, dass es keine alleinige perfekte Übersetzung gibt, können wir auch schlussfolgern, dass jede Übersetzung den Stempel ihres Übersetzers trägt, auch wenn es sich um Fachtexte handelt.

Die Übersetzer, die mit der Übertragung von Texten in der und für die habsburgische Bukowina beauftragt waren oder sich aus eigener Initiative damit beschäftigten, konnten ihren sprachschöpferischen Fähigkeiten freien Lauf lassen, da die damalige rumänische Sprache noch keine moderne, standardisierte Form hatte. Mit Bezug auf das reformierte Rechtswesen bedeutete dies zum Beispiel, dass die rumänische Sprache keine entsprechende juristisch-administrative Terminologie besaß, um die legislativen Neuerungen in diesem Bereich bezeichnen zu können.

Die Modernisierung der staatlichen Strukturen im Bukowiner Raum und die Durchsetzung der ethnischen und sprachlichen Gleichberechtigung als verfassungsrechtliches Prinzip verlangten unter anderem eine Reform der rumänischen Sprache, deren Gebrauch in den öffentlichen Bereichen bis zur Mitte des 19. Jahrhunderts eher begrenzt war. Mit ihrer grundgesetzlichen Anerkennung als einer der drei Bukowiner Landessprachen im Jahr 1849 genießt sie sowohl einen höheren Status als auch ein höheres Prestige, doch dies bedeutet auch, dass sie ausgebaut werden muss, um sich an der Seite der deutschen Sprache durchsetzen zu können. Wie die zahlreichen Übersetzungen dazu beigetragen haben, soll auf den folgenden Seiten ersichtlich werden.

IV.4. Die Übersetzung von Rechtstexten

In der bunten Sprachlandschaft des habsburgischen Raums gehörte das Übersetzen zum Alltag und trug erheblich zur Annäherung und Entwicklung der nebeneinander wohnenden Völker bei, indem es zum Beispiel die Kommunikation und den Austausch von Informationen und Gütern zwischen ihnen, aber auch zwischen ihnen und dem

303 Jacques Delille, zitiert nach Lefevere, André (1992), S. 38.

Zentrum ermöglichte. Dies lässt sich durch die Tatsache erklären, dass die BewohnerInnen der Monarchie dem Deutschen als alleiniger offiziellen Sprache nicht gewaltsam unterworfen wurden, sondern die Berücksichtigung ihrer Muttersprachen insbesondere nach 1848 in den wichtigsten öffentlichen Gebieten genossen.

Das habsburgische Babylon, wie es von Übersetzungswissenschaftlerin Michaela Wolf in ihrem Buch *Die vielsprachige Seele Kakaniens. Übersetzen und Dolmetschen in der Habsburgermonarchie 1848 bis 1918*[304] genannt wird, verlangte umfangreiche und intensive Übersetzungstätigkeiten insbesondere im juristischen Bereich, der nicht nur als eine wesentliche Säule der staatlichen Struktur galt, sondern auch für die gesamte Bevölkerung von Interesse war. Anders gesagt, stellte sich die Übersetzung als unerlässliche Tätigkeit in diesem von Mehrsprachigkeit gekennzeichneten Gebiet dar und wurde täglich in unterschiedlichen Formen und zu unterschiedlichen Zwecken ausgeübt. Angesichts des hier stetig stattfindenden vielsprachigen Verkehrs ist es nicht übertrieben – mit Larisa Schippel – zu behaupten, das Habsburgerreich habe „prin şi datorită proceselor traductive"[305] gelebt.

Diese translatorischen Prozesse, – die in dem Buch nicht nur zwischensprachliche Übertragungen bezeichnen, sondern einen Mechanismus, der durch jedes Kommunikationsverfahren in Betrieb gesetzt wird, – werden von der österreichischen Autorin in zwei Hauptkategorien geteilt, die grundsätzlich die Mehrheit der habsburgischen BewohnerInnen direkt betreffen. Wenn wir ferner bedenken, dass diese Übertragungen in einem dynamischen Kulturraum erfolgten und somit zu seiner kontinuierlichen Umformung beitrugen, können wir behaupten, dass sich die Translation letztendlich auf alle Bürger der Monarchie auswirkte. Hierbei berufen wir uns unter anderem auf die dadurch veranlasste Entwicklung der nichtdeutschen Sprachen, die damit verbundene Umsetzung der sprachlichen Gleichstellung in den öffentlichen Bereichen und nicht zuletzt die Verstärkung des Nationalbewusstseins der mit Hilfe und auf Basis der gemeinsamen Sprache konstruierten Gemeinschaften.

In die erste Kategorie des *habitualisierten* Übersetzens[306] werden alle zwei- oder mehrsprachigen Kommunikationssituationen eingestuft, die meistens im privaten oder beruflichen (aber nicht offiziellen) Rahmen vorkamen. Als Beispiele dafür nennt Wolf den von uns bereits erwähnten Brauch des Kindertausches,[307] sowie den Sprachgebrauch der DienstbotInnen und der Handwerker. Die zweite Kategorie des *institutionalisierten* Übersetzens[308] bezieht sich auf den Spracheinsatz in den staatlichen Institutionen. Das institutionalisierte Übersetzen wurde also von Beamten, Schulangestellten und Armeemitgliedern durchgeführt. Die von uns behandelte Über-

304 Siehe z.B. Drittes Kapitel, *Das habsburgische Babylon*, S. 62–86.

305 Schippel, Larisa (2017), S. 107.

306 Siehe im Detail Wolf, Michaela (2012), S. 90–102.

307 Siehe Kapitel II.3.3 dieser Arbeit.

308 Siehe im Detail Wolf, Michaela (2012), S. 103–119.

setzung von Rechtstexten gehört zu dieser zweiten Kategorie, da sie die konkrete Übertragung schriftlicher Texte aus der deutschen Sprache in die rumänische betrifft, für die tätige Beamte oder offiziell beauftragte Übersetzer zuständig waren.

IV.4.1. Übersetzen als kulturschaffendes Phänomen

Die konstruktive Rolle der literarischen Übersetzungen in der Nationsbildung (*nation-building*) geht aus vielen wissenschaftlichen Studien[309] hervor, wobei bestätigt wird, dass die Übersetzung als Mittel zum Ausbau der nationalen Sprache und Bereicherung der nationalen Kultur fungierte. Dies wurde von der rumänischen Bildungsschicht des 19. Jahrhunderts öffentlich anerkannt, die sich in einer eifrigen Übersetzungstätigkeit engagierte und die den Übersetzungen auch eine allgemeine zivilisatorische Aufgabe[310] zuwies, wie es die Worte von Ion Heliade Rădulescu darlegen:

> „Traducerile au de cuget să îmblînzească obiceiurile, să derapene prejudeţele, să înveţe pe om a trăi în pace cu ceilalţi şi în linişte cu sine, să arate fiecăruia datoriile sale şi prin drumul lor să-l aducă pe treapta cea mai înaltă avredniciei omului, pentru care este şi făcut."[311]

Bei ihren translatorischen Bemühungen richteten sich die Rumänen nach Westen, wobei eine „Zunahme des Bewusstseins einer europäischen Zugehörigkeit"[312] zu spüren war. Dadurch wollten sie sich der westlichen Zivilisation anschließen, die angesichts ihres bisherigen positiven Kultureinflusses auf die rumänischen Gebiete immer noch vielversprechend zu sein schien. Dies wurde unter anderem von dem rumänischen Dichter Mihai Eminescu (1850–1889) verkündet,[313] der am Czernowitzer Gymnasium gelernt hatte und dessen Tätigkeit als Publizist auch in der Bukowina Widerhall fand. Obwohl Eminescu ein eifriger Befürworter der nationalen Ideologie[314] war, bekräftigte er auch die Vorteile des interkulturellen Austausches mit Westeuropa, der für die RumänInnen seiner Meinung nach sogar „von absoluter Notwendigkeit" gewesen sei.

Die rumänischen Intellektuellen ließen sich erheblich vom deutschsprachigen Raum inspirieren, in dem unermüdliche Einsätze geleistet wurden, um den deutschen

309 Siehe z.B. Schippel, Larisa (2017), S. 100–101, und Wolf, Michaela (2012), S. 40–45.

310 Vgl. Schippel, Larisa (2014), S. 24.

311 Ion Heliade Rădulescu in *Curierul de ambele sexe* 1837, I, 238, zit. nach Ebd., S. 23–24.

312 Guţu, George (2002), S. 14.

313 Vgl. Ebd., S. 14.

314 Er beschreibt zum Beispiel die Angliederung der Bukowina durch die Habsburgermonarchie wie folgt: „Im Jahre 1774 drangen die österreichischen Heere, unter Mißachtung jeglicher Rechte der hießigen Geschlechter, in einer Zeit, da zwischen diesem Land, der Pforte und der Moldau Frieden herrschte, in das älteste und schönste Teil unseres Landes ein; im Jahre 1774 schloß dieser *Raub* ohne gleichen durch das Vergießen des Bluts des Fürsten Grigore Ghica ab." – Zitiert nach Ebd., S. 14, meine Hervorhebung.

Kulturschatz zu vergrößern. Auch dort galten die Übersetzungen als Mittel zum Ausbau der Sprache und dadurch gleichzeitig als patriotische Tätigkeit,[315] wobei sie letztendlich der Stärkung der deutschen Nationalität zu dienen hatten. Nicht nur in der Bukowina, im Banat und in Siebenbürgen, sondern auch in den anderen rumänischen Gebieten[316] diente die deutsche Kultur als Vorbild für die geistige Erhebung der Bevölkerung. Dies wird unter anderem von der großen Zahl der Übersetzungen – von Lehr- und Fachbüchern sowie literarischen Werken – aus dem Deutschen ins Rumänische und durch den intensiven Studenten- und Lehreraustausch zwischen den deutschen und den rumänischen Kulturräumen bestätigt.

Einen großen Anteil an den rumänischen Modernisierungsprozessen hatten auch die französische Kultur und die damit verbundene Sprache, was sich zum Teil dadurch erklären lässt, dass diese romanische beziehungsweise lateinische Elemente in sich trugen, die sie mit den RumänInnen historisch verknüpften. In diesem Sinne wurde zum Beispiel zwischen den Jahren 1780 und 1860 viel aus dem Französischen übersetzt: von den 679 in diesem Zeitraum ins Rumänische übersetzten Büchern wurden 385 aus dem Französischen[317] übertragen. Die Tatsache, dass mehr als die Hälfte dieser Bücher französisch waren belegt eine besondere Wertschätzung der RumänInnen für die französische Kultur.

*

Beim Übersetzen von Rechtstexten wurde diese kultivierende Mission nicht auf die gleiche Weise in Anspruch genommen, da die Übertragung ihres Inhalts ins Rumänische eher als Notwendigkeit, gemäß dem Gesetz auch als Gebot angesehen wurde. Das – auch von der österreichischen Regierung – deklarierte vorrangige Ziel dieser Tätigkeit war die Bekanntmachung der gesetzlichen Vorschriften unter den rumänischen Bürgern der Monarchie, also die Verbreitung von Informationen. Daher dürfen wir die in der und für die Bukowina übersetzten Texte – gemäß der Texttypologie von Katharina Reiß[318] – in die Kategorie der informativen Texte eingliedern, bei deren Übersetzung vor allem die „*Invarianz* auf der Inhaltsebene"[319] angestrebt werden muss. Da es sich hier um Fachtexte handelt, standen auch die Fachbegriffe, in unserem Fall die juristisch-administrative Terminologie, im Vordergrund und mussten also sorgfältig ins Rumänische übertragen werden.

---

315 Z.B. nach Ansicht von Friedrich Schleiermacher, der die Bereicherung der nationalen Literatur abzielte. Vgl. Schippel, Larisa (2017), S. 111.

316 Siehe dazu im Detail Cujbă, Cornelia (1999), S. 19–35.

317 Gemäß einer Studie von Paul Cornea. Siehe dazu Schippel, Larisa (2014), S. 24–25.

318 Siehe z.B. Reiß, Katharina (1983), S. 18.

319 Ebd., S. 20.

Natürlich galt der Zugang zu den Gesetzestexten in der Muttersprache als Bestätigung und Behauptung der rumänischen Nationalität. Da sie dazu beitragen konnten, nahmen die in diesem Bereich tätigen Übersetzer, – die in einigen Fällen auch politisch aktiv waren, – ihre Aufträge ernst, wie in den folgenden zwei Beispielen festgestellt werden soll.

Als Träger essentieller Vorschriften mussten das österreichische ABGB und die Reichsgesetzblätter allen die Monarchie bewohnenden Sprachgemeinschaften zugänglich und verständlich gemacht werden. Dies war mit Hilfe der Übersetzungen zu erreichen, für deren Durchführung erfahrene und sachkundige Übersetzer eingestellt wurden. Trotz ihrer vorher bewiesenen Fähigkeiten standen sie vor einer großen Herausforderung, denn das Deutsche war im Gegensatz zu den anderen Volkssprachen weit entwickelter, insbesondere in Bezug auf die juristische Fachterminologie. Ihre Arbeit bestand aber nicht nur aus der einfachen Übertragung von gesetzlichen Texten aus einer Sprache in die andere, sondern auch aus der Vermittlung von Ideologien, Begriffen und Organisationsprinzipien, wobei sie zum Aufbau von modernen Rechtssystemen in ihren Regionen beitrugen. Dazu waren zweisprachige Kenntnisse nicht ausreichend. Der Inhalt und die Bedeutung der Gesetzestexte sowie die Denkweise hinter ihnen mussten richtig verstanden und getreulich in einer klaren, deutlichen Zielsprache wiedergegeben werden, was angesichts der Komplexität und der Wichtigkeit der zu übersetzenden Werke unter anderem auch juristische Fachkenntnisse verlangte.

Zu diesem Punkt soll auf ein Paradox hingewiesen werden, dass für die Rechtssprache kennzeichnend ist. Einerseits gehört diese zu den Fachsprachen und muss demzufolge einen hoch spezialisierten Wortschatz gebrauchen, eine Terminologie mit monosemantischen, für den juristischen Bereich spezifischen Termini. Andererseits werden juristische Texte verfasst, um durch feste Regelungen die Rechte und Pflichte der Bürger zu bestimmen, und müssen also von der Bevölkerung verstanden werden. Die Rechtssprache muss – wie Rechtsanwalt Dr. Martin Johannes Heller betont – „beständig darum ringen, die Balance zwischen den Anforderungen einer abstrakten Fachsprache und dem Gebot der Allgemeinverständlichkeit zu wahren."[320] Die Übersetzer von Rechtstexten benötigen also geeignete Fach- und Sprachkenntnisse, um den Ausgangstext richtig entschlüsseln zu können, aber auch um den Zieltext so zu gestalten, dass er diese Voraussetzungen erfüllt.

IV.4.2. Die Übersetzung des österreichischen ABGB

In seiner Urversion vom Jahr 1811 enthielt das in Wien gedruckte österreichische *Allgemeine Bürgerliche Gesetzbuch* 1502 Paragraphen. Das Gesetzeswerk war in eine Einleitung, *Von den bürgerlichen Gesetzen überhaupt* (§. 1—14), und drei Hauptteile strukturiert: *Erster Teil: Von dem Personenrechte* (§. 15—284), *Zweiter Teil: Von dem*

320 Heller, Marin Johannes (1992), S. 14.

Sachenrecht (§. 285—1341) und *Dritter Teil: Von den gemeinschaftlichen Bestimmungen der Personen- und Sachenrechte* (§. 1342—1502), was im Wesentlichen der Gliederung des *Codex Theresianus* entspricht, wobei aber das ABGB deutlich kürzer als sein Vorgänger war.[321] Wie im Falle des *Codex Theresianus,* war das ABGB in der deutschen Sprache geschrieben, die zu dem Zeitpunkt die höchstentwickelte und am weitesten verbreitete lebendige Sprache im habsburgischen Raum war. Die Autoren des Gesetzestextes hatten sich im Laufe der Verfassungsarbeiten mehr und mehr vom Lateinischen distanziert, das im Europa des Frühmittelalters als *lingua franca* fungiert hatte und, als die Arbeiten anfingen, immer noch die Kommunikation zwischen Angehörigen unterschiedlicher Sprachgemeinschaften einschließlich im juristischen Bereich erleichterte. Mit der Zeit wurde der noch am Lateinischen klammernde Text „gereinigt". Die früheren lateinischen Marginalrubriken wurden entfernt sowie lateinische Fachtermini und lateinische Erklärungen für neue den Untertanen (insbesondere den juristischen Laien) unbekannte Fachbegriffe.[322] Sogar auf den ursprünglich auf Lateinisch formulierten Namen des Gesetzbuches (*Codex Theresianus*) wurde später zugunsten eines komplett deutschen Titels (*Allgemeines Bürgerliches Gesetzbuch für die gesammten Deutschen Erbländer der Oesterreichischen Monarchie*) verzichtet. Somit wurden das Prestige des Deutschen als Verständigungssprache innerhalb der Monarchie und seine Rolle als Bindungsmittel zwischen den nebeneinander wohnenden Völkern verstärkt.

Durch die Vervollständigung und Umsetzung des ABGB in seiner Form vom 1812 erreichten die Habsburger ihr lange Zeit angestrebtes Ziel der privatrechtlichen Harmonisierung im Rahmen der Monarchie. Endlich war ein Gesetzesband vorhanden, der die bürgerlichen Rechte und Pflichte aller Einwohner des großen habsburgischen Staates festlegte und die öffentliche Ruhe und Ordnung zu wahren versprach. Der Erfolg des nun vereinheitlichten Rechtssystems hing zum Teil von der Bekanntmachung des ABGB unter den Bürgern ab. Die privatrechtlichen Vorschriften, deren Entschlüsselung sich manchmal sogar für Fachmänner als eine Herausforderung darstellte, mussten auch den juristischen Laien verständlich gemacht werden. Zu diesem Zweck erschienen beispielsweise eine Ausgabe des ABGB in Reimen sowie Karikaturen und Illustrationen zu den Paragraphen des Gesetzbuches.[323] Auf diese Weise hatten alle lesekundigen Deutschkenner direkten Zugang zu den erklärten Gesetzestexten und konnten daher nicht behaupten, sie wären mit dem Inhalt der auf sie anwendbaren Regelungen nicht vertraut. Wie wurde aber der Text den Nicht-Deutschsprachlern zugänglich gemacht?

---

321 Sowohl das ABGB 1811, als auch der *Codex Theresianus* sind auf der Webseite des Prof. Gerhard Köbler verfügbar, unter http://www.koeblergerhard.de/Fontes/ABGB1811.htm bzw. http://www.koeblergerhard.de/Fontes/CodexTheresianus.htm.

322 Siehe dazu Brauneder, Wilhelm (2013), S. 4–5.

323 Dölemeyer, Barbara (2011), S. 262.

Die Wichtigkeit des österreichischen ABGB und seine Rolle in der Vereinheitlichung der Habsburgermonarchie wurden unter anderem durch seine zahlreichen Übersetzungen in alle dort üblichen Sprachen – sogar ins Hebräische, auch wenn die Juden nicht als Nationalität und Hebräisch nicht als Nationalitätensprache anerkannt waren[324] – unterstützt. Diese umfangreichen Übersetzungstätigkeiten erfolgten, damit alle Bürger, ungeachtet ihrer Nationalität und Sprache, die Gesetze als ihre eigenen ansehen, was ihre Aufnahmebereitschaft steigern sollte. Es war der Wunsch der Habsburger, die BewohnerInnen ihrer Gebiete dem Hof und einander näher zu bringen, was eine Garantie für die Dauerhaftigkeit und Stabilität des Kaisertums darstellte.

Die Kodifikationsarbeiten für das 1811 erschienene ABGB, aber auch die für seine Vorläufer wurden demzufolge von mühsamen Übersetzungstätigkeiten begleitet. Bereits der erste Entwurf des österreichischen bürgerlichen Gesetzbuches, der *Codex Theresianus*, wurde in zwei nichtdeutsche Sprachen, nämlich ins Tschechische und Italienische,[325] übertragen, obwohl es nie in Kraft trat. Auch für die Bekanntmachung und Verbreitung der späteren Entwürfe – des *Josephinischen Gesetzbuches* (Teil-ABGB) und des *Westgalizischen Gesetzbuches* – wurden übersetzerische Tätigkeiten betrieben, aber erst das 1812 in Kraft gesetzte ABGB wurde in alle Sprachen der Monarchie übersetzt und veröffentlicht, obwohl eine Reihe der Übersetzungen als inoffiziell[326] galten.

In Übereinstimmung mit dem Kundmachungspatent vom 1. Juni 1811 wurde eine Übersetzung ins Polnische bereits 1810 fertiggestellt. Es folgten Übersetzungen ins Tschechische, Lateinische und Rumänische, die im gleichen Jahr veröffentlicht wurden, als das vollständige ABGB in Kraft trat, nämlich 1812. Mit der Zeit erschienen Versionen nicht nur in den anderen Sprachen der Monarchie, sondern auch in Sprachen außerhalb des habsburgischen Raums, darunter Französisch, Spanisch und Englisch.[327] Die Geschwindigkeit, mit der die ersten Übersetzungen verfasst wurden, beweist wiederum den hohen Wert des gesamten Übersetzungsphänomens.

Im gleichen Patent wird der deutsche Text als authentisch („Urtext") erklärt, wobei die anderssprachigen Versionen als Übersetzungen galten, die durch Einbeziehung und Berücksichtigung des Urtextes „zu beurtheilen sind".[328]

*

324 Vgl. Brauneder, Wilhelm (2013), S. 10.

325 Vgl. Ebd., S. 5.

326 Wie z.B. die bereits erwähnte hebräische Version. Siehe im Detail Ebd., S. 8.

327 Siehe im Detail Ebd, S. 8–11.

328 946. Patent vom 1ten Junius 1811, verfügbar online auf der Webseite ALEX der Österreichischen Nationalbibliothek.

Als das mehrsprachige Buchenland 1786 in Galizien eingegliedert wurde, erging eine Vorschrift, gemäß derer die Gesetze, Justizverordnungen und unterschiedlichen Patente unter der Aufsicht von Vasile Balş (Konzipist im Hofkriegsrat, der auch als Übersetzer von juristischen Texten tätig war) in der Hauptstadt übersetzt und parallel in der deutschen und in der rumänischen Sprache herausgegeben werden sollten.[329] Dies löste intensive Übersetzungsarbeiten aus, um den RumänInnen Zugang zu juristischen Regelungen in ihrer Muttersprache zu bieten. Die Vorschrift galt aus zwei Gründen als wichtig. Erstens wurde die rumänische Sprache dadurch anerkannt und für die Bekanntmachung von Gesetzen verwendet, was zu ihrer nicht nur terminologischen Entwicklung wesentlich beigetragen hat. Zweitens förderte eine solche Maßnahme die Institutionalisierung[330] von Übersetzungen, wobei eine gründliche Überwachung der Arbeiten und eine höhere Qualität der Endprodukte versprochen wurden.

Das erste bürgerliche Gesetzbuch, das in der Bukowina in Kraft trat und ins Rumänische übersetzt wurde, war das *Josephinische Gesetzbuch*, d.h. der das *Personenrecht* umfassende erste Teil des erwarteten vollständigen ABGB. Die Version für die RumänInnen der Bukowina soll den Titel *Cartea legilor pîrgăreşti* getragen haben, genau wie die spätere Übersetzung (1796) des *Westgalizischen Gesetzbuches*. 1787 wurde die Regierung Galiziens mit der Verbreitung von 400 Exemplaren beauftragt, die sowohl den rumänischen als auch den deutschen Text enthielten.[331]

Der Verfasser der rumänischen Übersetzung war Ion Budai-Deleanu, dessen translatorische Tätigkeit unter der Betreuung des großen Politikers und Übersetzers Vasile Balş durchgeführt wurde und als grundlegend nicht nur für das Rechtssystem der Bukowina, sondern auch für die rumänische Sprache zu betrachten ist. Seine Karriere als offizieller Übersetzer im Rahmen des Hofkriegsrats in Wien begann er mit Hilfe von Balş durch die Übertragung didaktischer Bücher ins Rumänische, wie z. B. das *Handbuch für Schulmeister und Lehrer*, wobei er sein Talent und seine Verlässlichkeit unter Beweis stellte.[332] Demzufolge wurde er später mit der Übersetzung von wichtigen juristischen Werken, wie des Teil-ABGB und des Strafgesetzbuchs beauftragt.[333] Diese Tätigkeiten eröffneten neue Horizonte für den jungen Kopisten Budai-Deleanu. Der Kontakt mit der liberalen Ideologie und mit markanten Persönlichkeiten, darunter auch Autoren des ABGB Karl Anton von Martini, Joseph von Sonnenfels und Franz von Zeiller – dessen Student er war – beeinflussten seine Denkweise und sein Verständnis von den zu übersetzenden Texten. Erwähnenswert ist, dass Budai-Deleanu

329 Protopopescu, Lucia (1967), S. 111.

330 Zur Kategorie des institutionalisierten Übersetzens siehe Wolf, Michaela (2012), S. 103–119.

331 Protopopescu, Lucia (1967)., Fußnote S. 100.

332 Ebd. S. 93–96.

333 Ebd. S. 101.

nicht nur ausgezeichnete Deutsch- und Rumänischkenntnisse hatte, sondern auch Jura studierte,[334] was seine Übersetzungskompetenz deutlich verstärkte.

Die offizielle Übersetzung des vollständigen ABGB vom 1812 ins Rumänische wurde Toma Moldovan, Übersetzer für Rumänisch an der Regierung in Lemberg, zugeordnet, während Ion Budai-Deleanu für die Überprüfung des Textes verantwortlich war. Diese Zuteilung der Aufgaben erklärt sich durch die vorherige als erfolgreich bewertete Mitarbeit der zwei Beamten für die Übertragung des neuen Strafgesetzbuches ins Rumänische. Budai-Deleanu gestand aber mehrmals, dass er nicht nur Moldovans Übersetzung überprüfte, sondern den ganzen Text erneut übersetzen musste. Trotzdem wurde Moldovan für seine übersetzerische Tätigkeit auch finanziell belohnt und mit der Übersetzung des bürgerlichen Gesetzbuches beauftragt. Recherchen von Historikern wie Nicolae Iorga oder Lucia Protopopescu zeigen, Budai-Deleanu wäre eigentlich der Hauptautor der rumänischen Übersetzung des ABGB. Moldovan selbst hatte sich über die schwere Arbeit beschwert, wobei er angeblich auf keine Grammatiken oder Wörterbücher für die noch unterentwickelte Zielsprache zugreifen konnte.[335] Für seine Tätigkeit hätte er sich aber der bestehenden Übersetzungen der früheren Zivil- und Strafgesetzbücher bedienen können, die von Ion Budai-Deleanu verfasst wurden. Wichtig ist es hervorzuheben, dass I. Budai für jene Übersetzungen umfangreiche Recherchen betreiben musste, um die insbesondere terminologischen Übersetzungsschwierigkeiten bewältigen zu können. Da er zu diesem Zweck unter anderem juristische Texte aus der Moldau und der Walachei benutzte,[336] kann man behaupten, dass er dadurch zur partiellen Synchronisierung der Fachterminologie der rumänischen Regionen beitrug. Unbestritten bleibt auf jeden Fall seine Leistung in Bezug auf die Kristallisierung der rumänischen Rechtssprache und der rumänischen Sprache im Allgemeinen. Dies wird nicht nur durch seine translatorische Tätigkeit im juristischen Bereich, sondern auch durch seine Beschäftigung mit der Lexikografie[337] unterstützt.

Die rumänische Version des ABGB erschien bereits 1812 bei der Buchdruckerei Peter Eckhardt in Czernowitz unter dem Titel *Cartea legilor pravililor de obşte pîrgăreşti, pentru toate Ţările moştenitoare Nemţăşti a Monarhiei Austrieceşti*. Der Text spiegelte die Entwicklung der rumänischen Rechtssprache und Terminologie wider:

> „Die Czernowitzer Übersetzung bedeutete nicht nur die Verbreitung und Anwendung eines modernen Zivil-Gesetzeswerkes in rumänischer Sprache, sondern auch einen wichtigen Beitrag für die Herausbildung der bis dahin fehlenden modernen Rechtsterminologie im Rumänischen, eine sprachschöpferische Leistung ersten Ranges. Sie war eine der Voraussetzungen für die Verrechtlichung des zwischenstaatlichen Wirtschaftsverkehrs, denn dieses ABGB erfuhr innerhalb weniger Jahre eine

334 Ebd. S. 104.

335 Siehe im Detail Ebd., S. 142–147.

336 Ebd., S. 102.

337 Siehe dazu Ebd., *Îndelungata muncă lexicografică*, S. 157–170.

umfassende Rezeption im Fürstentum Moldau und in etwas abgeschwächter Form auch in der Walachei."[338]

Das österreichische ABGB diente also als Inspirationsquelle für die nicht-habsburgischen rumänischen Gebiete. Ein umstrittenes Beispiel bietet der Fall des Gesetzbuches *Codex Calimachus*, das 1817 in der Moldau in Kraft trat. Trotz der Bemühungen von Andrei Rădulescu, der die Einflüsse des ABGB auf die moldauischen Kodifikationsarbeiten zu bestreiten versuchte, beweisen ausführliche Analysen (darunter seine eigenen[339]), dass es doch zahlreiche Ähnlichkeiten zwischen den zwei Gesetzeswerken gibt, darunter in Bezug auf Arbeitsmethode (Sammlung der notwendigen Materialien, Nachschlagen in bestehenden Gesetzesbüchern, Abfassung, Überprüfung und Sanktionierung),[340] aber auch Inhalt und Struktur[341] des Textes. Das moldauische Gesetzbuch enthält aus dem Deutschen stammende Termini, was sich auch durch die Tatsache erklären lässt, dass Christian Flechtenmacher, der als Hauptautor des *Codex Calimachus* angesehen wird, ein Siebenbürger Sachse war und sein Jurastudium in Wien abgeschlossen hatte.[342] Durch die Verwendung solcher Termini, die sich ebenfalls in dem ABGB befinden,[343] wurde – wenn auch unabsichtlich – ein weiterer Schritt in Richtung einer Uniformisierung der rumänischen Rechtsterminologie unternommen.

Eine neue Übersetzung des ABGB ins Rumänische war erforderlich, als das Gesetzbuch auch in den westlichen rumänischen Gebieten der Habsburgermonarchie verbindlich wurde. Die Einführung des ABGB am 1. Mai 1853 für das Temeser Banat wurde durch das Kaiserliche Patent vom 29. November 1852 angeordnet, während das Patent vom 29. Mai 1853 die Erweiterung seines Geltungsbereichs für Siebenbürgen ab dem 1. September 1853 vorschrieb. Beide Patente erwähnen die Umsetzung des bürgerlichen Gesetzbuches vom 1. Juni 1811 „mit mehreren Beschränkungen und Bestimmungen",[344] was den Bedarf nach einer neuen Übersetzung ins Rumänische rechtfertigte.

Der Autor dieser Version war der Politiker und Historiker Eudoxiu Hurmuzaki, der sich energisch für den Wohlstand und die Rechte der RumänInnen im habsburgischen Raum eingesetzt hat. Nach 1848 amplifizierte sich das ganze Übersetzungsphänomen im habsburgischen Buchenland, aber auch im Rest des Kaisertums, wo die Gleichstel-

338 Turczynski, Emanuel (1993), S. 51–52.

339 Siehe dazu den von ihm angestellten Vergleich in Rădulescu, Andrei (1970, S. 143–154.

340 Vgl. Zup, Iulia-Elena (2015), S. 116.

341 Vgl. Zup, Iulia-Elena (2016), S. 246.

342 Siehe Zup, Iulia-Elena (2015), S. 115.

343 Siehe im Detail Ebd., S. 123–130.

344 Beide Patente wurden in den *Reichsgesetzblättern* veröffentlicht, verfügbar online auf der Webseite ALEX der Österreichischen Nationalbibliothek.

lung aller Völker, die sich vor allem durch Sprache identifizierten, im Art. 5 der Märzverfassung[345] anerkannt wurde. *Codicele civile austriacu universale publicatu în Marele Principatu Ardealu, cu patenta din 29 mai 1853*, der 1859 und 1860 in Wien veröffentlicht wurde, enthielt viele neue Rechtstermini[346] und bestätigte die Modernisierung der rumänischen Rechtssprache.

Obwohl das Königreich Rumänien 1918 die Bukowina, das Banat und Siebenbürgen annektierte, blieb das ABGB weiter in Kraft in diesen Gebieten. Von 1918 bis 1938, als die Rechtsvereinheitlichung in Großrumänien erfolgte, erschienen drei neue Übersetzungen des österreichischen Gesetzbuches, das inzwischen dreimal novelliert wurde. Diese Novellierungen, die 1914, 1915 und 1916 eingeführt und in dem *Reichsgesetzblatt* sowohl auf Deutsch, als auch auf Rumänisch kundgemacht wurden, hat Ioan Corjescu, Präsident des Apellationsgerichts in Galați, für seine eigene Übersetzung von 1921 berücksichtigt. Im Vorwort zu *Codul civil general austriac* erwähnt der Übersetzer noch, dass er sich auch des moldauischen *Codex Calimachus* bediente.[347]

Es folgten zwei weitere Übersetzungsinitiativen, die die Redaktion des ABGB in einer zugänglichen und aktuellen juristischen Sprache zum Ziel hatten. Der Jurist Stefan Laday, Verfasser der Version *Codul civil austriac* von 1924 bis 1928 richtete sich nach dem ungarischen Text, während die Anwälte Aurel Tarnavschi, Octavian Pienescu, Anton Iliese und Professor George Alexianu, die Autoren der letzten Übersetzung des *Codul civil în vigoare în Ardeal și Bucovina* von 1937, unter anderem auch auf den *Codex Calimachus* für terminologische Hilfe zurückgriffen. Auf jeden Fall weisen die Übersetzungen nach 1918 eine moderne juristische Sprache auf, deutlich entwickelter als die der vorherigen rumänischen Versionen.[348]

IV.4.3. Das Redaktionsbureau des Reichsgesetzblattes und seine Tätigkeit

Dem 1849 errichteten »k.k. Redaktions-Bureau des Reichs- Gesetz- und Regierungsblattes« wurde die enorme Aufgabe anvertraut, das im selben Jahr zum Gesetz erhobene Gleichberechtigungsprinzip auf sprachlichem Niveau in der Praxis umzusetzen. Seine Mitglieder mussten dementsprechend eine gesamtstaatliche Publikation in zehn Sprachen verfassen, um dadurch neben einer breiteren Bekanntmachung des Gesetzesinhalts auch für die Geltendmachung „der wahren Gleichberechtigung aller Völker des Reiches und der Gleichheit aller Staatsbürger

345 Vgl. Hugelmann, Karl Gottfried (1934), S. 40.

346 Iulia-Elena Zup vergleicht diese Übersetzung mit der vorherigen Version des ABGB und listet eine Serie neuer juristischer Begriffe auf. Siehe dazu Zup, Iulia-Elena (2015), S. 131–135.

347 Ebd., S. 135.

348 Ebd., S. 136–139.

vor dem Gesetze"[349] sowie für die „Vereinigung aller Lande und Stämme der Monarchie zu Einem großen Staatskörper"[350] zu sorgen. Die umfassende translatorische Tätigkeit, die im Rahmen dieses Bureaus betrieben wurde, diente somit auch einem politischen Ziel, indem sie die Stabilität des Kaisertums versichern und die Machtposition der Herrscher dadurch stärken sollte.

Die Arbeitssprachen des Redaktionsteams stimmten also mit den zehn Sprachen des Reichsgesetzblattes überein, die in seiner ersten Ausgabe angegeben wurden. Das Bureau hatte die zehn gleichzeitig zu erscheinenden, als authentisch anerkannten Texte wie folgt herauszugeben:

„1. In deutscher Sprache,
2. in italienischer,
3. in magyarischer,
4. in böhmischer (zugleich mährischer und slovakischer Schriftsprache),
5. in polnischer,
6. in ruthenischer,
7. in slovenischer (zugleich windischer und krainerischer Schriftsprache),
8. in serbisch-illirischer Sprache mit serbischer Civil-Schrift,
9. in serbisch-illirischer (zugleich croatischer) Sprache mit lateinischen Lettern,
10. in romanischer (moldauisch-wallachischer) Sprache.[351]

Obwohl alle Ausgaben als authentisch galten, war die deutsche eigentlich der Urtext, während die anderen durch Übersetzen aus dem Deutschen entstanden. Außerdem erschien ein deutscher Text separat, während die anderen Versionen immer vom deutschen Text begleitet und mit diesem zusammengebunden waren: links lag der deutsche und rechts der betreffende übersetzte Text.[352] Dies weist einmal mehr darauf hin, dass das Deutsche seinen Vorrang als Gesetzgebungssprache – obwohl in vermindertem Maß – immer noch behielt.

Für die Besetzung der Stellen des Redaktionsbureaus wurden Personen gesucht, die sowohl gute Sprach- als auch Rechtskenntnisse hatten. Diese Auswahlkriterien betrafen nicht nur den für eine Sprache einzustellenden Translator, sondern auch den ihm zur Seite gestellten »Kontrollredakteur«, der für die Überprüfung der Übersetzungen zuständig war.[353] Es wurde somit angenommen, dass die Übersetzung solcher Texte nicht nur ein sprachlicher Prozess sei, sondern auch eine bestimmte Fachkom-

---

349 *Einleitung zu dem allgemeinen Reichs-Gesetz- und Regierungsblattes für das Kaiserthum Oesterreich* 1849, S. I.

350 Ebd.

351 Ebd., S. VI.

352 Vgl. Slapnicka, Helmut (1974), S. 441.

353 Insgesamt wurden also zwei Redakteurstellen für jede Sprache angeboten. Siehe im Detail Wolf, Michaela (2012), S. 150.

petenz verlangt. In diesem Sinne wurde bereits 1851 eine Übersetzungsprüfung eingeführt,[354] um die Bewerber objektiv bewerten zu können. Trotz dieses Prüfverfahrens sahen sich die Mitarbeiter des Bureaus von ihren Aufgaben überfordert. Dafür können wir mindestens vier gute Gründe vorbringen.

Erstens war die deutsche Rechtssprache entwickelter als die anderen Rechtssprachen im habsburgischen Raum. Der Mangel an entsprechender Terminologie in den Zielsprachen[355] gilt vielleicht als die größte Herausforderung für das Übersetzerteam, das geeignete Wege finden musste, um dieses Hindernis zu überwinden. Daran litten auch die rumänischen Übersetzer, die „mit ihrer Arbeit aus Mangel an Wörtern nicht vorwärtskommen"[356] konnten, obwohl – wie im vorherigen Unterkapitel dargestellt – bereits viele Gesetzestexte ins Rumänische übersetzt worden waren. Erwähnt werden sollte auch die Tatsache, dass die Regierung selbst Maßnahmen ergriff, um den Übersetzern zu Hilfe zu kommen, indem sie z.B. eine „Kommission für slawische juristisch-politische Terminologie"[357] einsetzte. Der slowakische Professor Pavel Jozef Šafárik, der sich im Bereich der slawischen Philologie schon einen Namen gemacht hatte, wurde als Vorsitzender dieser Kommission gewählt[358] und durfte sich mit der Standardisierung der slawischen Fachsprachen beschäftigen. Er erklärt die im Redaktionsbureau vorkommenden translatorischen Schwierigkeiten dadurch, dass die „seit längerer Zeit aus den höheren politischen Kreisen ausgeschlossenen Sprachen für gewisse, dem neueren Staatsleben angehörige Begriffe noch keine allgemein gangbaren Ausdrücke besaßen."[359] Die von den inländischen Machtbeziehungen erzeugte sprachliche Hierarchie verhinderte also seiner Meinung nach eine entsprechende Entwicklung der nichtdeutschen Sprachen.

Zweitens setzte die reglementierte gleichzeitige Erscheinung und Ablieferung aller zehn Ausgaben das Übersetzerteam unter großen Zeitdruck. Angesichts des großen Umfangs des zu übersetzenden Materials[360] konnte dieser Vorschrift nicht immer gefolgt werden, was in einigen Fällen zu Beschwerden führte, die mit der Nichtbeachtung des Gleichberechtigungsgebots in Verbindung gebracht wurde.[361] Wir dürfen hierbei mit Michaela Wolf annehmen, dass die im Redaktionsbureau durchgeführten

---

354 Ebd. S. 158–159.

355 Vgl. z.B. Slapnicka, Helmut (1974), S. 441.

356 Ministerratsprotokoll vom 25. Februar 1850, zit. nach Ebd., S. 451.

357 Siehe im Detail Ebd., S. 443–446.

358 Siehe z.B. Ebd., S.443–445.

359 Pavel Jozef Šafárik, zitiert nach Ebd., S. 443.

360 Dazu wurden die Redakteure des Reichsgesetzblattes auch mit der Übersetzung anderer Schriftstücke unterschiedlicher Behörden beauftragt, für deren Ausführung sie gar nicht oder nur gering entlohnt wurden. Vgl. Wolf, Michaela (2012), S. 127.

361 Z.B. in Bezug auf die wiederholt verspätete Herausgabe des böhmischen Reichsgesetzblattes – Siehe dazu im Detail Ebd., S. 155–156.

Übersetzungsarbeiten „für die Wahrung der Rechte und Pflichten der StaatsbürgerInnen der Monarchie"[362] sorgten oder mindestens als Symbol dafür betrachtet wurden.

Drittens hatten die Übersetzer neben der kurzfristigen Übertragung des Inhalts in die noch wenig entwickelten Zielsprachen auch bestimmte formbezogene und quantitative Beschränkungen zu beachten. In diesem Sinne mussten z.B. die gegenüberstehenden Seiten in den doppelsprachigen Ausgaben dieselbe Seitenzahl aufweisen.[363] Demzufolge waren die Übersetzer gezwungen, sich zu bemühen, den deutschen Text komplett und klar in die anderen Sprachen zu übertragen, ohne aber die Seitenzahl der deutschen Version zu überschreiten.

Viertens beeinflusste auch der finanzielle Aspekt die Qualität der Übersetzungen. Die anfangs eher schlecht bezahlten Arbeitsplätze zogen nicht die kompetentesten Bewerber an und konnten die schon angestellten Mitarbeiter auch nicht für lange Zeit motivieren, was zu einem häufigen Personalwechsel führte. Um die Situation zu verbessern, wurden im Jahr 1853 die Löhne erhöht und die Stellen zu höheren Rängen erhoben,[364] was mehr Stabilität und Kontinuität versprechen sollte. Auf diese Weise konnten bereits trainierte und spezialisierte Mitarbeiter überzeugt werden, sich um die Übersetzerposten zu bewerben und diese nicht so eilig zu verlassen.

Im Falle des Rumänischen sahen sich mit diesen Schwierigkeiten die folgenden Translatoren konfrontiert: Vinzenz Babesch, Basil Grigorowitza, Aurel Ritter von Onciul, Florian Lupu, Georg Popovici, Ernst Tarangul (sic!)[365] und Gregor von Pantasi.[366] Auch der Übersetzer des österreichischen ABGB, Eudoxiu Hurmuzaki, beschäftigte sich damit im Rahmen seiner Tätigkeit im Redaktionsbureau.

Trotz dieser Unannehmlichkeiten haben die Übersetzer des Reichsgesetzblattes eine monumentale Arbeit geleistet, indem sie ihren Mitbürgern Zugang zu den Staatsregelungen in ihrer Muttersprache boten. Auch nachdem das Reichsgesetzblatt nur auf Deutsch erscheinen musste (1852), haben sie seinen Inhalt weiter im Redaktionsbureau in Wien übersetzt,[367] da dieser in den Landesblättern der jeweiligen Kronländer veröffentlicht wurde. Obwohl diese Maßnahme einen Rückschritt bezüglich der sprachlichen Gleichstellung bedeutete, wurde die Übersetzungstätigkeit des Redaktionsbureaus in den ersten neoabsolutistischen Jahren nicht beeinträchtigt. Ganz im Gegenteil konnten die Redakteure durch Fortsetzung ihrer Arbeit die notwendigen translatorischen Fähigkeiten trainieren und verbessern[368] und die Qualität ihrer Produkte steigern.

362 Ebd., S. 156.

363 Vgl. Slapnicka, Helmut (1974), S. 441.

364 Siehe im Detail Wolf, Michaela (2012), 151.

365 Gemeint ist wahrscheinlich Erast Tarangul (1870–1938), der Jura in Wien studiert und ein Praktikum bei der Bukowiner Landesregierung gemacht hatte. Siehe z.B. Cosovan, Tiberiu (2010).

366 Siehe im Detail Wolf, Michaela (2012), S. 150 und 161.

367 Vgl. Ebd., S. 152.

368 Vgl. Ebd., S. 153.

Eine besonders ungünstige Phase[369] für die Übersetzungstätigkeit und ihre Betreiber begann im Jahr 1858, als die Anzahl der RGBl-Redakteure um die Hälfte reduziert wurde. Der neue Justizminister Graf Nádasdy rechtfertigte seine Entscheidung dadurch, dass das Arbeitsvolumen pro Sprache auch von einem einzigen (statt zwei) Übersetzern bewältigt werden könnte. Die Situation verschlechterte sich durch das kaiserliche Patent vom 1. Jänner 1860 weiter, gemäß dem die vollständige Übertragung des Reichsgesetzblattes in die nichtdeutschen Sprachen sistiert wurde. Ab dem Moment sollten nur ausgewählte Texte übersetzt werden und damit waren „geeignete Beamten der Zentralstellen"[370] – also nicht unbedingt trainierte Übersetzer – beauftragt. Dies gilt als Maßnahme, die „nicht nur die Qualifikationen der Mitarbeiter des Redaktionsbureaus stark abwertete, sondern auch die translatorische Tätigkeit per se, ganz zu schweigen von der zu erwartenden Qualität der übersetzten Texte."[371] Hierbei erlitten die Übersetzungstätigkeit und der Übersetzerberuf also einen Prestigeverlust, was sich auch auf den qualitativen Wert der übersetzten Reichsgesetzblätter und ihr deklariertes Ziel der unter anderem sprachlichen Gleichberechtigung aller Nationalitäten negativ auswirkte.

1869 wurde die Veröffentlichung der kaiserlichen Publikation in die nichtdeutschen Sprachen mit Ausnahme von Ungarisch wieder gesetzlich vorgeschrieben. Dies veranlasste die Rekonstruktion des Redaktionsbureaus durch Neueinstellungen[372] und die Rückkehr zu einer intensiven translatorischen Tätigkeit, die bis zum Untergang der Monarchie weitergeführt wurde.

Wenn auch mit Schwankungen wurde das Ansehen der Übersetzungen und des Übersetzerberufs im Rahmen des Redaktionsbureaus erhöht. Neben der konkreten Umsetzung des Gleichberechtigungsprinzips wurden die jeweiligen Zielsprachen dazu herausgefordert, die juristischen Neuigkeiten auszudrücken, wobei einen erheblichen Beitrag zu ihrer Entwicklung in Richtung einer modernen Rechtssprache mit einer entsprechenden Rechtsterminologie geleistet wurde. Die zentrale Koordinierung dieser Übersetzungsarbeiten bestätigt erneut ihren besonderen Wert.

369 Siehe im Detail Ebd., S. 152–155.

370 Kaiserliches Patent vom 1. Jänner 1860, zit. nach Ebd., S. 152.

371 Wolf, Michaela (2012), S. 153.

372 Siehe Ebd., S. 155.

IV.5 Juristisch-administrative Terminologie

Als eine der ältesten schriftlichen Textsorten, die in der modernen rumänischen Sprache verfasst wurden, spiegeln die juristisch-administrativen Texte die Entwicklung des rumänischen Wortschatzes, sowie der rumänischen Phraseologie und Syntax getreulich wider.[373] Auf den folgenden Seiten nehmen wir uns vor, den Einfluss der deutschen Sprache und der Übersetzung von deutschen Rechtstexten ins Rumänische auf die Konfigurierung der rumänischen Sprache nachzuvollziehen. Dafür nehmen wir mit Stefan Michael Newerkla an, dass „der Wortschatz die für Fremdeinflüsse zugänglichste Ebene einer Sprache [ist], da sie verhältnismäßig locker strukturiert ist und nur geringen Widerstand gegenüber systemfremden Elementen, d.h. einen hohen Grad an Permeabilität, aufweist."[374] Davon ausgehend konzentrieren wir unsere Recherchen auf die fachspezifische Lexik in den vorhandenen Materialien, genauer gesagt auf die juristisch-administrative Terminologie, die wir sowohl diachronisch, als auch synchronisch analysieren.

*

Durch Sprache lernt man die Welt um sich kennen und verstehen. Mit ihrer Hilfe werden Objekte, Situationen und Phänomene interpretiert und beschrieben, Ansichten konfiguriert und weitergegeben und Kenntnisse ausgetauscht. So funktioniert auch jede Fachsprache im Rahmen ihres Anwendbarkeitsbereichs, wobei sie gleichzeitig zu seiner Abgrenzung von anderen Fachgebieten dient. Die Umsetzung einer speziellen Kommunikationssprache schränkt außerdem die Menge der Individuen ein, die sich am fachlichen Informationsverkehr beteiligen können.

Alle Fachsprachen zeichnen sich durch einen spezialisierten Wortschatz aus, der ständig aktualisiert werden muss, um mit den Neuerungen Schritt zu halten. In ihrer Analyse über den Einfluss des Deutschen auf die gegenwärtige rumänische Hochsprache weist Cornelia Cujbă auf einen solchen Bedarf nach sprachlicher Synchronisierung mit der Realität hin: „Cunoașterea prin limbă a realităților vieții înconjurătoare în continuă transformare și progresul gîndirii reclamă o dezvoltare permanentă a vocabularului."[375] Diese Anforderung ist umso anspruchsvoller in Bezug auf Fachbereiche, wo der Fortschritt rascher ist. Für ihre Befriedigung sorgen idealerweise Fachleute und Sprachwissenschaftler, die in Zusammenarbeit nach den bestgeeigneten Termini suchen. Die Entwicklung eines Arbeitsfeldes soll sich also in der entsprechenden Wort- und Ausdruckssammlung widerspiegeln, die als *Terminologie* bezeichnet wird.

373 Vgl. Munteanu, Eugen (2015), S. 6.

374 Newerkla, Stefan Michael (2014), S. 20.

375 Cujbă, Cornelia (1999), S. 9.

Paradoxerweise ist das Wort „Terminologie", – das sich unter anderem auf eine begrenzte Gruppe von Termini bezieht, für die Monosemie bevorzugt und gefördert wird, – polysemisch. Es bezeichnet zudem den theoretischen Wissenschaftszweig (die Terminologielehre), sowie die praktische Terminologiearbeit,[376] Begriffe die in dieser Arbeit aber als solches genannt werden.

Wenn angenommen wird, dass eine Fachsprache vornehmlich zur „Verständigung von Fachleuten über ihr Fachgebiet in fachlichen Situationen"[377] eingesetzt wird, ist es sinnvoll, dass diese Sprache einige Merkmale aufweisen muss, die sie verständlich machen. Diese werden von Wolfgang Schweickard in seinem Artikel *Rumänisch: Fachsprachen* aufgeführt und in Bezug auf die rumänischen Fachsprachen exemplifiziert. Als wichtige Eigenschaften des fachsprachlichen Diskurses gelten unter anderem die Präzision und Ökonomie des Ausdrucks, die Dominanz der denotativen Komponente und die Durchschaubarkeit der Termini.[378] Die Klarheit und Verständlichkeit der Fachsprache und der entsprechenden Terminologie scheint vielleicht umso wichtiger in Bezug auf den von uns untersuchten juristisch-administrativen Bereich, mit dem auch durchschnittliche Bürger besonders häufig interagieren. Diese Fachsprache soll also sowohl den Spezialisten als auch den Laien zugänglich sein.

Angesichts dieser Ansprüche soll im Folgenden die Entwicklung der rumänischen juristisch-administrativen Terminologie zwischen den Jahren 1849 und 1918 analysiert werden. Von besonderem Interesse für unsere Recherchen sind in diesem Sinne die Mechanismen, durch die das Rumänische sich erneuert hat. Dabei beziehen wir uns auf die Wortbildungsverfahren, die hiermit in Anlehnung an Cornelia Cujbă in zwei Hauptkategorien[379] und weitere Unterkategorien untergeteilt werden können:

1. Entlehungen,[380] wobei die Übernahme von Begriffen aus anderen Sprachen gemeint ist.
2. Lehnprägungen,[381] die sich wiederum in zwei Unterkategorien teilen lassen: Lehnübersetzung beziehungsweise Lehnbedeutung (Polysemierung). Die Lehnübersetzungen betreffen die Glied-für-Glied-Übertragung der Begriffe, durch die entweder neue Wörter (strukturelle Lehnübersetzung[382]) oder neue Redewendungen (syntagmatische Lehnübersetzung[383]) in der Zielsprache entstehen. Die Lehnbedeutung bedingt die Zuweisung einer neuen Bedeutung zu einem in der Zielsprache bereits existierenden Ausdruck.

376 Vgl. Dobrina, Claudia (2010), S. 19.

377 Schweickard, Wolfgang (1989), S. 216.

378 Ebd., S. 219–221.

379 Vgl. auch Nuč, Aleksandra (2017), S. 114.

380 Zum Zweck ihrer Analyse begrenzt Cornelia Cujbă die Bedeutung des Wortes „Neologismus" und betrachtet dieses als synonym mit „Entlehnung". Siehe dazu Cujbă, Cornelia (1999), S. 55-56.

381 Siehe Ebd., S. 57 und vgl. Öhl, Peter, Vorlesung: Struktur des Deutschen. Wortbildung, S. 5.

382 Vgl. Cujbă, Cornelia (1999), S. 57.

383 Ebd.

IV.5.1. Deutsch-rumänische Terminologie

Die Untersuchung der Reichsgesetzblätter veranschaulicht die Tatsache, dass sich die rumänische Rechtssprache im Zeitraum von 1849 bis 1918 noch in einer intensiven Entwicklungsphase befand. Bei dieser Analyse bedienten wir uns der gescannten Kopien der deutschen und rumänischen Ausgaben, die auf der Webseite der österreichischen Nationalbibliothek, ALEX, zur Verfügung stehen. Gesammelt wurden Termini aus den De-Ro parallelen Gesetzblättern für die Jahre 1849 (als die Publikation zum ersten Mal erschien), 1870 (als die Publikation wieder auf Rumänisch erscheinen durfte) und 1916 (gegen Ende der Habsburgermonarchie; die Ausgabe vom 1918 enthielt angesichts des Kriegszustandes nicht allzu viel Text und daher für uns nicht ausreichende relevante Termini). Insgesamt hat eine Gesamtzahl von 264 (Deutschen/ Rumänischen) Seiten als Untersuchungsmaterial gedient.

Ein erstes Anzeichen für den Ausbau der rumänischen Sprache bietet die Ausgabe von 1870 bereits dadurch, dass sie einen rumänischen Text mit lateinischer Schrift aufweist. Die RumänInnen hatten inzwischen – in der Zeit, als der übersetzte Inhalt der kaiserlichen Publikation im Landesgesetzblatt veröffentlicht wurde – auf die 1849 noch gebräuchlichen kyrillischen Schriftzeichen verzichtet. Dies kam als Bestätigung und Krönung der Bemühungen rumänischer Intellektueller, den lateinischen Charakter der rumänischen Sprache zu belegen und diese zum Rang einer modernen europäischen Sprache zu erheben. Gleichzeitig gilt dieser Übergang auch als Symbol der Orientierung nach westlichen Mustern, die prägend für die damalige Konfigurierung der rumänischen Kultur war.

Diachronisch betrachtet verweisen die rumänischen Ausgaben eine fortschrittliche Tendenz. 1849 waren die einleitenden Grundlagen der rumänischen Rechtssprache dank der vorherigen Übersetzungen von juristischen Texten bereits geschaffen worden. Die ersten Rechtsübersetzer – darunter die früher erwähnten Vasile Balş und Ion Budai-Deleanu – mussten aus Mangel an rumänischen juristisch-administrativen Termini entsprechende Strategien finden, um den Inhalt der Texte für die Zielleser verständlich zu machen. Zu diesem Zweck gaben sie die Bedeutung der deutschen Termini durch Attributivsätze oder durch Ausdrücke aus der Gemeinsprache wieder, wobei sie sich aber nur in wenigen Fällen trauten, neue Termini zu schöpfen und in die Zieltexte einzuführen.[384] Die Übersetzer neigten somit eher der zweiten Übersetzungsoption des Philosophen Friedrich Schleiermacher (1768–1834) zu – „Entweder der Uebersezer läßt den Schriftsteller möglichst in Ruhe, und bewegt den Leser ihm entgegen; oder er läßt den Leser möglichst in Ruhe und bewegt den Schriftsteller ihm entgegen."[385]– und vernachlässigten dabei den für juristische Texte kennzeichnenden abstrakten Charakter zugunsten der Verständlichkeit.

384 Siehe Zup, Iulia-Elena (2015), S. 64–69 und S. 111.

385 Schleiermacher, Friedrich (1963), S. 47.

Die Angestellten des k.k. Redaktionsbureaus bedienten sich bei ihrer Arbeit einer viel reicheren Fachterminologie. Diese ist 1849 aber noch nicht gefestigt, wie es aus der terminologischen Inkonsequenz und Uneinheitlichkeit ersichtlich ist. Es wurden dabei viele synonymische Begriffe benutzt, um den gleichen deutschen Terminus auf Rumänisch auszudrücken. Dem terminologischen Prinzip der Eindeutigkeit,[386] das in der ersten Veröffentlichung des Reichsgesetzblattes in mehreren Fällen keine Beachtung erfuhr, wurde in den späteren Ausgaben mit größerer Sorgfalt begegnet:

Deutscher Terminus	*Rumänischer Terminus (1849)*	*Rumänischer Terminus (1870)*	*Rumänischer Terminus (1916)*
Bestimmung	aşezământ aşezemânt hotărire	dispuseciune	dispoziţie
Erlass	decretare orânduială ordinanţă ordonanţă	emis	emis
Hausdurchsuchung	investigarea căşii vizitaţie de casă vizitare de casă cercetarea de casă	cercetare de casă	-
Verordnung	ordonanţă ordinăciune decret	ordinăciune	ordonanţă
Vorschrift	prescris prescript	prescris prescript	normă

Tabelle 1

In den meisten Fällen, lässt sich ein einseitig gerichteter Fortschritt der rumänischen Terminologie erkennen, der auch auf der Ebene der Rechtschreibung deutlich ist. Die große Mehrheit der im Jahr 1916 benutzten Termini haben ihre Form bis heute bewahrt und werden immer noch mit der gleichen Bedeutung im juristisch-administrativen Bereich gebraucht:

386 Eindeutigkeit nicht nur in dem Sinne, dass eine Bezeichnung nur einem einzigen Begriff zugeordnet wird, sondern auch, dass ein Begriff nur durch eine einzige Bezeichnung genannt werden soll. Siehe z.B. Arntz, Reiner (1986), S. 284.

Deutscher Terminus	*Rumänischer Terminus (1849)*	*Rumänischer Terminus (1870)*	*Rumänischer Terminus (1916)*
Aufhebung	rădicare	disrĕdicare	derogare
Beschuldigte	învinuit	acusat	inculpat
Geldstrafe	pedeapsă în bani	pedeapsă în bani	amendă
Gericht	judeţ	judecătorie	judecătorie
Justizministerium	ministeriul de dreptate	ministeriul de justeaţă	ministerul de justiţie
Quittung	cvietanţă	citanţă	chitanţă
Richter	jude	judecătoriu	judecător
Uebertretung (1849/1879) Übertretung (1916)	călcare	călcare	contravenţie
Verbot	opreală	opreală	prohibire
Verordnen	a orândui	a ordina	a dispune

Tabelle 2

In manchen Fällen aber wurde 1916 der gleiche Terminus wie 1849 oder einer, der sich diesem förmlich nähert, statt des 1870 benutzten Terminus bevorzugt. Dies lässt sich zum Teil vielleicht auf die Fluktuation des übersetzenden Personals[387] und auf die – unter anderem orthografisch – noch mangelnde einheitliche Standardisierung der rumänischen Sprache zurückführen. Für manche dieser Begriffe erklärt sich diese Entwicklung dadurch, dass die Bukowiner Aurel Onciul und Florea Lupu ein deutsch-rumänisches politisch-administratives Wörterbuch im Jahr 1895 veröffentlichten, in dem schon die Bezeichnungen von 1916 vorkamen:[388]

Deutscher Terminus	*Rumänischer Terminus (1849)*	*Rumänischer Terminus (1870)*	*Rumänischer Terminus (1916)*
Anwendung	aplicare	aplecare	aplicare
Beklagter	pârât	acusat	pîrît
Beschlagnahme	confiscare	sechestrare reţinere	confiscare
Gerichtsbarkeit (alle 3 Jahre) /Jurisdiction (1849/1916)	jurisdicţiune	jurisdicciune	jurisdicţiune
Urkunde	document	uric	document

Tabelle 3

In den untersuchten Texten erscheint im Vergleich zu den modifizierten Bezeichnungen eine eher geringe Anzahl von Termini, die im Laufe der Jahre ihre Schreibweise und Bedeutung bewahrt haben:

387 Siehe die Liste der rumänischen Redakteure bei Wolf, Michaela (2012), S. 161.

388 Siehe dazu Kapitel IV.5.2 dieser Arbeit.

Deutscher Terminus	*Rumänischer Terminus (1849)*	*Rumänischer Terminus (1870)*	*Rumänischer Terminus (1916)*
Gesetz	lege	lege	lege
Instanz	instanţă	instanţă	instanţă
Recht	drept	drept	drept

Tabelle 4

Angesichts der Anforderungen an die Durchschaubarkeit der juristisch-administrativen Termini haben wir bereits in der ersten Ausgabe der Reichsgesetzblätter einige Wortfamilien identifiziert, die dafür sorgten, dass die Bedeutung der Begriffe auf logische Weise erschlossen werden konnte:

- *administraţiune/ administrativ* (RGBl 1849),
- *a dechiara/ dechiarare* (RGBl 1849),
- *a înputernici/ înputernicire* (RGBl 1849),
- *judecătorie/ judecătoresc* (RGBl 1849),
- *lege/ legiuit* (RGBl 1849),
- *obligat/ obligăciune* (RGBl 1849),
- *pâră/ pârâtoriu/ pârât* (RGBl 1849).

Um den Entwicklungsprozess der rumänischen Rechtssprache mit Bezug auf die Reichsgesetzblätter besser zu veranschaulichen, soll auch untersucht werden, wie die hier benutzten Termini entstanden. Dazu analysieren wir die Terminologie in den deutschen und rumänischen Ausgaben vergleichend.

In den ersten Texten lässt sich eine Tendenz der Übersetzer spüren, einige neue Termini durch Lehnprägungen und mit Hilfe umgangssprachlicher Ausdrücke in der Zielsprache wiederzugeben. Allmählich durchdrangen dann immer mehr Neologismen – im Sinne von ganz neuen entlehnten oder neu gestalteten Termini – die rumänischen Texte, um auf diese Weise dem Prinzip der Eindeutigkeit zu folgen, d.h. einen einzigen fachlichen Begriff denotativ zu bezeichnen:

Nr.	*Deutscher Ausdruck*	*Rumänischer Ausdruck (1849)*	*Rumänischer Ausdruck (1870)*	*Rumänischer Ausdruck (1916)*
1	Aufhebung	rădicare	disrĕdicare	derogare
2	Beschuldigte	învinuit	acusat	inculpat
3	Ein- und Ausfuhr	purtare în lăuntru şi afară	esport	import
4	In Wirksamkeit treten	a păşi în viaţă/ a începe să fie lucrătoare	a căpĕta vigoare	a intra în vigoare
5	Ministerium des Inneren	ministeriul din lăuntru	ministeriul de interne	ministerul de interne

Tabelle 5

Bei den Lehnprägungen handelt es sich sowohl um Lehnbedeutungen (*rădicare* für *Aufhebung*), – also um die Zuweisung von neuen Bedeutungen an bereits existierende rumänische Bezeichnungen, – als auch um strukturelle (*disrĕdicare* für *Aufhebung*, *învinuit* für *Beschuldigte*) beziehungsweise syntagmatische (z.B. *purtare în lăuntru* für *Einfuhr*) Lehnübersetzungen. Im Falle aller drei Wortbildungsverfahren ist es oft schwer und eigentlich implausibel, mit voller Sicherheit nur eine alleinige Sprache als Ursprung der Zieltermini zu nennen.[389] Um dies zu erläutern, genügen nur ein paar Beispiele. Das rumänische Wort *drept* kann z.B. als Lehnbedeutung nach dem Muster des deutschen *Recht* eingestuft werden, doch ähnliche Wörter gibt es auch in anderen Sprachen: *droit* (Französisch), *diritto* (Italian), *right* (Englisch). Ebenso kann *ministerul de răsboiu* (RGBl 1916) als Lehnübersetzung aus dem Deutschen *Kriegsministerium* betrachtet werden, wobei berücksichtigt werden sollte, dass das französische Äquivalent auch ähnlich gestaltet ist: *ministère de la guerre*. Vor diesem Hintergrund begrenzen wir unsere Analyse auf den Vergleich zwischen den rumänischen und den deutschen Termini und nehmen doch an, dass auch andere Sprachen als Inspirationsquelle für die Wortprägung hätten gedient können, was hier aber angesichts zeitlicher und sprachlicher Einschränkungen nicht näher untersucht werden kann.

Als Lehnbedeutungen, deren Anzahl im Vergleich zu den Lehnübersetzungen gering ist, gelten neben dem oben erwähnten Beispiel auch die folgenden:

- *stătător* für *bestehend* (RGBl 1849),
- *călcare* für *Übertretung* (RGBl 1849),
- *urmărire* für *Verfolgung* (RGBl 1870).

Darüberhinaus kommen mehrere strukturelle Lehnübersetzungen vor, wobei neue rumänische Termini mit Hilfe von Präfixen gebaut werden:

- *despăgubire* für *Entschädigung* (RGBl 1849),
- *înputernicire* für *Ermächtigung* (RGBl 1849),
- *îndreptățit* für *berechtigt* (RGBl 1849),
- *indetorire* für *Verpflichtung* (RGBl 1870),
- *a însărcina* für *beauftragen* (RGBl 1849/1870),
- *convinovatu* für *Mitschuldige* (RGBl 1849)
- *neîmplinire* für *Nichterfüllung* (RGBl 1916).

In die gleiche Kategorie schließen wir auch die Übertragungen der deutschen Komposita ein, bei denen Bindestriche benutzt wurden, denn die Übersetzer wollten dadurch betonen, dass der Zusammenschluss der jeweiligen Wörter als kompakter Terminus dienen soll. Dazu gehören unter anderem die folgenden Ausdrücke:

389 Darauf weist auch Eugen Munteanu hin und gibt dazu ein paar Beispiele von juristisch-administrativen Termini multipler Herkunft. Siehe Munteanu, Eugen (2015), S. 25.

- *mijloace-de-drept* für *Rechtsmittel* (RGBl 1849),
- *pricepătorii-de-artă* für *Kunstverständige* (RGBl 1849),
- *anticipare-de-bani* für *Geldvorschuss* (RGBl 1849).

Viel zahlreicher sind die syntagmatischen Lehnübersetzungen, also die Übertragung deutscher Komposita durch mehrere zielsprachliche Wörter. Dies ist keine Überraschung, wenn wir bedenken, dass die rumänische Sprache bei weitem nicht so produktiv ist wie die deutsche Sprache bezüglich der Prägung von Komposita. Demzufolge wurden die deutschen Termini mit Hilfe längerer rumänischer Ausdrücke übersetzt, was der Ökonomie der Zielsprache geschadet hat. Erhellend in diesem Sinne sind die folgenden Beispiele:

- *pedeapsă în bani* für *Geldstrafe* (RGBl 1849/1870),
- *calea dreptului* für *Rechtswege* (RGBl 1849),
- *decret de curte a justiției* für *Justizhofdekret* (RGBl 1849),
- *legea de pedeapsă* für *Strafgesetz* (RGBl 1849),
- *părțile certătoare* für *Streittheile* (RGBl 1849),
- *județul de sus* für *Obergericht* (RGBl 1849),
- *călcare de poliție* für *Polizeiübertretung* (RGBl 1849),
- *ceartă pentru stăpânire* für *Besitzstreitigkeit* (RGBl 1849),
- *persoană privată* für *Privatperson* (RGBl 1849),
- *șeful țării* für *Landeschef* (RGBl 1849),
- *vrednic de crezut* für *glaubwürdig* (RGBl 1849).

Auf ähnliche Weise wurden auch deutsche Redewendungen übersetzt:

- *a sta în putere* für *in Kraft sein* (RGBl 1849),
- *goana după proaspăta faptă* für *Verfolgung auf frischer That* (RGBl 1849),
- *făcătoriu unei crime* für *Thäter eines Verbrechens* (RGBl 1849),
- *județul cel mai de sus de vămuire* für *Oberstes Gefällsgericht* (RGBl 1849).

Es ist keineswegs ungewöhnlich, dass sich die Übersetzer dieser Strategie der Lehnbedeutung bzw. Lehnübersetzung und dabei gemeinsprachlicher Wörter bedienten, um Begriffe, für die noch keine entsprechenden zielsprachlichen Äquivalente existierten, in ihren Texten zu formulieren. Die meisten Fachsprachen bilden sich auf Basis der Gemeinsprache[390] und spezialisieren sich mit der Zeit. Elemente aus der Gemeinsprache werden auf diese Weise in die Fachsprachen übernommen, wo sie eine neue Bedeutung zugeteilt bekommen.

Der Transfer von Termini erfolgt aber auch umgekehrt aus den Fachsprachen in die Gemeinsprache. Wichtige Rollen in unserem Fall spielten einerseits die Interak-

390 Adriana Stoichițoiu-Ichim macht z.B. diese Bemerkung über die rumänische Rechtsterminologie in ihrem Artikel *Observații privind semantica termenolor juridici*, S. 203.

tion zwischen Spezialisten (Beamten, Richtern, Anwälten) und Laien und andererseits der Kontakt der Laien mit den Gesetzestexten, wobei Fachtermini in den gemeinsprachlichen Wortschatz einflossen. Angesichts dieses wechselseitigen lexikalischen Verkehrs erfolgte eine partielle Überschneidung zwischen der juristisch-administrativen Terminologie und dem Wortschatz der Gemeinsprache. Aus diesem Grund kann die juristisch-administrative Fachsprache (samt ihrer entsprechenden Terminologie) von der Gemeinsprache nicht gänzlich abgegrenzt werden[391] und nur als Jargon der Fachleute betrachtet werden. Zwischen den zwei sprachlichen Reservoirs gab es – und gibt es immer noch – ständig Interferenzen, die eine beidseitige Entwicklung stimulieren.

*

Angesichts der Tatsache, dass die gegenüberstehenden Seiten in den doppelsprachigen Ausgaben der *RGBl* dieselbe Seitenzahl aufweisen mussten,[392] hatten die Übersetzer nur beschränkten Platz zur Verfügung für ihre Texte. Die mit der Zeit intensivierende Umsetzung von Neologismen beim Verfassen der Übersetzungen verringerte dieses Problem der sprachlichen Ökonomie, wie aus den folgenden Fällen ersichtlich wird:

- 1916 wird *amendă* statt *pedeapsă în bani* (1849/1870) für *Geldstrafe* benutzt;
- 1870 wird *esport* statt *purtare în afară* (1849) für *Ausfuhr* benutzt;
- 1916 wird *import* statt *purtare în lăuntru* (1849) für *Einfuhr* benutzt.

Als Neologismen wurden auf den ersten Blick nur wenige deutsche Ausdrücke entlehnt, wie zum Beispiel der 1849 verwendete *ştemplu* (Stämpel), der aber 1870 durch *timbru* ersetzt wird. Dazu wird Deutsch als alleiniger Urspung nur für wenige Termini gegeben. Was ist aber mit den vielen rumänischen Neologismen, die sich in ihrer Mehrheit durch eine lateinische Herkunft auszeichnen? In den meisten Fällen wurden diese nicht unbedingt direkt aus dem Lateinischen übernommen, sondern fanden ihren Weg ins Rumänische mit Hilfe anderer Sprachen und wurden dann ans Rumänische angepasst. Gemäß den für unsere Analyse benutzten Nachschlagewerken (wobei wir uns vorrangig auf DLR beziehen) erfolgten solche Entlehnungen vor allem mittels oder nach dem Muster der französischen Sprache, wobei aber für zahlreiche Begriffe mehrere Quellen genannt werden.

391 Schweickard weist auch auf eine Überlappung hin, wobei er die fachsprachliche Kommunikation als Teil der allgemeinen Kommunikation darstellt. Siehe dazu Ebd., S. 216.

392 Vgl. Wolf (2012), S. 155f.

Rumänischer Terminus	*Herkunft*
administraţiune/administraţie	frz. *administration*, rus. *administracija*, lat. *administratio*
concesiunar	frz. *concessionnaire*, dt. *konzessionieren*, lat. concessio
legal	frz. *légal*, lat. *legalis*, dt. *legal*
oficiu	neugr. ὀφφίκιον, lat. *officium*, dt. *Offizium*, frz. *office*
oficial	lat. *officialis*, neugr./rus./ dt. *offiziell / offizial*, frz. *officiel*
pretensiune	lat. *praetensio*, dt. *Prätension/ Prätention*, frz. *prétention*
protocol	lat. *protocollum*, dt. *Protokoll*, frz. *protocol*
recurs	lat. *recursus*, dt. *Rekurs*, frz. *recours*
rezoluţiune	lat. *resolutio*, dt. *Resolution*, frz. *résolution*
vizitaţie	lat. *visitatio*, frz. *visitation*, dt. *Visitation*
decisiune	fr. *décision*, lat. *decisio*
denunţiaţie	frz. *dénoncer*, lat. *denuntiare*
confiscare	frz. *confisquer*, lat. *confiscare*
derogare	fr. *déroger*, lat. *derogare*
posesor	fr. *possessor*, lat. *possessio*
sentinţă	fr. *sentence*, lat. *sententia*

Tabelle 6

Die multiple Etymologie vieler Begriffe kann verwirrend sein. Gleichzeitig bestätigt sie aber auch, dass sich die moderne rumänische juristisch-administrative Sprache als Folge ihres Kontakts mit mehreren Sprachen entwickelte, von denen sie sich in verschiedenen Maßen beeinflussen ließ. Auf diese Weise konnte die rumänische Sprache ihren Wortschatz – gemäß dem nationalen Programm – durch Verwertung ihrer lateinischen Wurzeln bereichern. Die Tatsache, dass das Französische als Vorbild für die Modernisierung des Rumänischen galt, ist wenig überraschend, wenn man bedenkt, dass es selbst eine romanische Sprache und dazu noch die Ausdrucksform einer von den RumänInnen geschätzten Kulturgemeinschaft war.

Die Rolle des Deutschen bei dem Eindringen und der Installierung dieser Termini in die rumänische Sprache ist aber auch nicht zu vernachlässigen. Obwohl die Mehrheit der deutschen Termini aus alten deutschen Bezeichnungen bestand, befinden sich unter den hier analysierten Fachbegriffen viele lateinische Ausdrücke, was sich nicht schwer erklären lässt. Latein spielte die Rolle einer dominierenden Verkehrssprache im westeuropäischen Justizraum, bis sich die modernen Sprachen auf Grund ihrer Entwicklung durchsetzen konnten. In der Habsburgermonarchie gewann das Deutsche unter anderem an Prestige, als sich die Initiativen Maria Theresias zur Vereinheitlichung des Privatrechts 1766 in einem deutschsprachigen *Codex Theresianus* konkretisieren ließen, dem weitere Entwürfe und die vollständige Version des *Allgemeinen Bürgerlichen Gesetzbuches* von 1812 auch in deutscher Sprache folgten. Da die Kodifizierungsarbeiten unter Berücksichtigung des römischen Rechts ausgeführt wurden[393] und das Lateinische immer noch eine wichtige Stelle im habsburgischen juristischen Verkehr und im akademischen Raum besetzte,[394] überrascht es nicht, dass die deutsche Rechtssprache und Terminologie Spuren des Lateinischen in sich trugen.

Relevant ist auch, dass diese Kodifizierungsarbeiten von Bemühungen begleitet wurden, die deutsche Rechtssprache zu verfeinern und zu normieren. Daraus entstand unter anderem das Lehrbuch *Über den Geschäftsstil* (1784) des österreichischen Juristen Joseph von Sonnenfels (1732?–1817), in dem dieser eine einheitliche deutsche Rechtsterminologie vorstellte, die zum großen Teil das Resultat von Übersetzungen aus der französischen Fachliteratur[395] war. Hierbei dürfen wir auch auf die – heutzutage immer deutlichere – Tendenz hinweisen, eine grenzüberschreitende Fachterminologie zu schaffen, die den Austausch zwischen anderssprachigen Experten erleichtert und fördert, worauf letztendlich auch der fachliche Fortschritt basiert.

Als Beispiele für deutsche Termini lateinischen Urspungs gelten gemäß Gerhard Köblers etymologischem Rechtswörterbuch und dem *Wahrig Fremdwörterlexikon* die Folgenden:

Deutscher Terminus	*Herkunft*
Contract	lat. *contractus*
Decret	lat. *decretum*
Fiscus	lat. *fiscus*
Ministerium	lat. *ministerium*
Instanz	lat. *instantia*
Institut	lat. *institutum*
Kanzlei	mhd. *kanzelie* < lat. *cancelli*
Justiz	lat. *iustitia*
Magistrat	lat. *magistratus*
Organ	lat. *organum*, grch. *organon*
Patent	lat. *patens*
Protokoll	mlat. *protocollum* < mgrch. *protokollon*

Tabelle 7

393 Vgl. im Detail Neschwara, Christian, *Zur Kodifikationsgeschichte des ABGB*, S. 1–24.

394 Vgl. Fischel, Alfred, (1910), S. XXXV-XLI.

395 Siehe Wolf, Michaela (2012), S. 143.

Die meisten von ihnen werden mit der gleichen Form oder leicht geändert ins Rumänische übertragen: *contract, ministeri* (erst 1916 *minister*), *decret, cancelarie, instanţă, institut, magistrat, justeaţă/justiţie, organ, patent, protocol.* Die Tatsache, dass neben den deutschen Begriffen *Verwaltung* und *Gerichtsbarkeit* auch die lateinischstämmigen Äquivalente *Administration* bzw. *Jurisdiction* erscheinen und die beiden Synonyme durch *administraţie* bzw. *jurisdicţiune* übersetzt werden, darf auch als Hinweis darauf interpretiert werden, dass die deutschen Rechtstexte und ihre Übertragung ins Rumänische zur Durchsetzung und Bewahrung, – wenn nicht sogar der ursprünglichen Einführung, – dieser Neologismen in der rumänischen Sprache gedient haben.

Davon ausgehend können Ergänzungen zu den etymologischen Angaben im rumänischen Wörterbuch *DLR* gemacht werden. Im Folgenden sind noch einige von uns vorgeschlagene – in der Tabelle mit * markierte und **fettgedruckte** – Ergänzungen zu sehen:

Deutscher Terminus	*Herkunft*	*Rumänischer Terminus*	*Herkunft*
Administration (RGBl 1849)	lat. *administratio*	administraţiune (RGBl 1849)	frz. *administration*/ rus. *administracija*/ lat. *administratio*/ **dt. *Administration****
Competenz (RGBl 1849)	lat. *competentia*	competinţa (RGBl 1849)	frz. *compétence*/ lat. *competentia*/ **dt. *Competenz****
Contract (RGBl 1849)	lat. *contractus*	contract (RGBl 1849)	neugrch. *condrát*/ it. *contratto*<lat. *contractus* **dt. *Contract****
Decret (RGBl 1849/1916)	lat. *decretum*	decret (RGBl 1849/1916)	lat. *decretum*/ fr. *décret*/ **dt. *Decret****
Fiscus (RGBl 1849)	lat. *fiscus*	fisc (RGBl 1849)	frz. *fisc*/ **dt. Fiscus***
Ministerium (RGBl 1849/1870/1916)	lat. *ministerium*	minister(i) (RGBl 1870/1849/1916)	lat. *ministerium*/ **dt. *Ministerium****
Institut (RGBl 1849)	lat. *institutum*	institut (RGBl 1849)	frz. *institut*/ lat. *institutum*/ **dt. *Institut****
Instruction (RGBl 1849)	lat. *instructio*	instrucţiune (RGBl 1849)	frz. *instruire*/ lat. *instruere* **dt. *Instruction****
Jurisdiction (1849/1916)	lat. *iurisdictio*	jurisdicţiune (RGBl)1849/1916)	frz. *jurisdiction*/ lat. *jurisdictio*/ **dt. *Jurisdiction****
Justiz (RGBl 1849)	lat. *iustitia*	justiţie (RGBl 1849)	lat. *justitia*/ **dt. *Justiz****
Suspension (RGBl 1870)	lat. *suspendere*	suspindere (RGBl 1870)	frz. *suspendre*/ lat. *suspendere*/ **dt. *Suspension****

Tabelle 8

Auf Basis der oben unternommenen komparativen Analyse der deutschen Reichsgesetzblätter und ihrer jeweiligen Übertragungen ins Rumänische kann mit Zuversicht behauptet werden, dass die deutsche Sprache einen nicht zu unterschätzenden Einfluss auf die Konfigurierung der modernen rumänischen Sprache ausgeübt hat. Im Rahmen des Übersetzungsphänomens wurde das Rumänische dazu gefordert, sich an die neuen Bedürfnisse anzupassen, die durch die Reformierung des juristisch-administrativen Bereichs entstanden. Dabei diente das Deutsche als Muster für die Prägung einer entsprechenden fachlichen Lexik, wie aus den zahlreichen Lehnbedeutungen, Lehnübersetzungen und Entlehungen aus dem Deutschen ersichtlich ist.

Der Mangel an ausreichenden juristisch-administrativen Termini forderte die sprachliche Kreativität der Übersetzer der Reichsgesetzblätter heraus. Neben ihrer Hauptaufgabe, den Inhalt der deutschen Texte vollständig und fehlerfrei zu übersetzen, mussten sie sich bemühen, binnen der gesetzten Frist auch eine entsprechende moderne Terminologie zu schöpfen, wobei sie eine beachtliche Arbeit leisteten. Angesichts unserer früheren Anmerkung, gemäß der es eine ständige Interferenz zwischen der juristisch-administrativen Sprache und der Gemeinsprache gibt, soll die Rolle der Angestellten des k.k. Redaktionsbureaus bei dem Ausbau der rumänischen Sprache im Allgemeinen und dadurch ihr Beitrag zur Bereicherung des rumänischen Kulturgutes und zur geistigen, sozialen und politischen Hebung der rumänischen Bevölkerung anerkannt werden. Ihre translatorische Leistung konsolidierte somit die sprachlich definierte rumänische Nationalität.

Die Tatsache, dass die Übersetzung der juristisch-administrativen Texte in der habsburgischen Hauptstadt Wien, im institutionellen Rahmen eines zentralen Redaktionsbureaus, erfolgte, unterstreicht die besondere Wichtigkeit des translatorischen Phänomens, die auch vonseiten der kaiserlichen Regierung anerkannt wurde. Das Übersetzen galt somit als amtliche, für das gute Funktionieren des konstitutionellen Vielvölkerstaates unerlässliche Tätigkeit.

Die Übertragungen der österreichischen Reichsgesetzblätter ins Rumänische haben ihren Zweck auf mehreren Ebenen erreicht. Erstens ermöglichten sie die Verbreitung des Gesetzesinhalts unter den rumänischen BewohnerInnen der Monarchie, die sich auf diese Weise ihrer Rechte und Freiheiten erfreuen konnten, aber gleichzeitig ihrer Verpflichtungen bewusst waren. Dies sorgte auch für Ordnung im habsburgischen Raum und erleichterte die zentrale Koordinierung der rechtlichen Angelegenheiten. Zweitens führten sie zur Umsetzung konstitutioneller Prinzipien und zur Gestaltung eines modernen Justizsystems. Drittens trugen sie erheblich zur Entfaltung der anfangs unterentwickelten rumänischen juristisch-administrativen Fachsprache und Terminologie bei und beteiligten sich somit an der Neukonfigurierung und Erneuerung des sie umgebenden Kulturraums.

Den Leistungen der damit beschäftigten Übersetzer soll demzufolge großer Wert beigelet werden. Auf der Bukowiner – und im weiteren Sinne der habsburgischen – Bühne der Vielfalt spielten sie nicht nur als Träger von Worten, sondern auch als Vermittler von Ideen und Innovation, wobei sie zu sprachlichen, fachlichen und kulturellen Umwandlungen beitrugen. Wichtig ist außerdem ihre soziale und politische Rolle. Wie erläutert nahmen die Übersetzer durch ihre Arbeit an die Konstruktion der rumänischen Sprache und dadurch auch an der Konstruktion und Konsolidierung der rumänischen Nationalität teil, denn der Ausbau des Rumänischen als moderne Sprache ermöglichte den Aufstieg ihrer Sprecher im Bukowiner öffentlichen Raum. Dadurch verminderte sich der Bedarf nach Kontakt mit anderen Sprachen bzw. ihren Sprechern, was letztendlich die Distanzierung der rumänischen Bevölkerung von den anderen Volksgruppen förderte.

Die Übersetzung der Reichsgesetzblätter ins Rumänische verursachte dementsprechend gewisse Machtübertragungen auf die rumänische Bevölkerung der Bukowina. Erstens wurde den hier wohnenden RumänInnen Macht verliehen, indem ihnen – auch den Nichtdeutschsprachlern – breiterer und einfacherer Zugang zu Informationen und Wissen gewährt wurde. Zweitens bedeutete die Durchführung dieser Übersetzungen eine konkrete Anerkennung des Rumänischen als offizielle Landessprache und damit der RumänInnen als bedeutende Volksgruppe der Monarchie. Drittens förderte die translatorische Tätigkeit eine Auseinandersetzung mit dem Rumänischen, seiner Struktur und seinem Schöpfungspotenzial, um neue Begriffe zu gestalten, was allmählich zur Konfigurierung einer modernen standardisierten Sprache führte, die nicht nur in der Gesetzgebung, sondern auch in anderen Bereichen des öffentlichen Lebens eingesetzt werden konnte.

IV.5.2. Komparative rumänische Terminologie

Mit Artikel 19 der Dezemberverfassung von 1867 wurde „die Gleichberechtigung aller landesüblichen Sprachen in Schule, Amt und öffentlichem Leben [...] vom Staate anerkannt"[396] und galt bis zum Ende der Monarchie als verfassungsrechtliches Prinzip. Für die Bukowina bedeutete dies unter anderem, dass die rumänische Sprache eine wichtigere Rolle im juristisch-administrativen Bereich bekam. Damit diese Rolle entsprechend erfüllt werden konnte, waren gewisse bürokratische Maßnahmen erforderlich, wie z.B. die Bereitstellung von Unterlagen und Formularen in rumänischer Sprache. Um diese Initiative zu unterstützen, veröffentlichten die Juristen Aurel Onciul und Florea Lupu im Jahr 1895 zwei Nachschlagewerke: zuerst ein *Repertoriu pentru secretarii comunali* und später ein juristisch-politisches deutsch-rumänisches Wörterbuch. Von Interesse für uns ist die juristisch-administrative Terminologie im zweiten Werk, die wir mit der rumänischen Terminologie in den untersuchten Reichsgesetzblättern und mit der rumänischen Terminologie in dem für Königreich Rumänien veröffentlichten bürgerlichen Gesetzbuch von 1865 vergleichen werden. Dabei soll veranschaulicht werden, inwiefern sich die Autoren des Wörterbuchs – wie sie in

396 Stourzh, Gerald (2003), S. 1014.

der Einleitung ihres Werkes angeben[397] – von der Terminologie in Rumänien inspirieren ließen beziehungsweise inwiefern es sich dabei um eine Synchronisierung der juristisch-administrativen Terminologie in den rumänischen Gebieten handelte.

Das zweisprachige Wörterbuch entstand aus den Bemühungen zweier Rechtswissenschaftler, die sich auch für die Entwicklung der rumänischen Sprache engagierten. Die beiden Doktoren der Rechte waren nicht nur als Juristen und Politiker, sondern auch als Redakteure der rumänischen Version der *Reichsgesetzblätter (RGBl.)* tätig: Aurel Onciul im Zeitraum von 1890 bis 1893 und Florea Lupu im Zeitraum von 1895 bis 1897.[398] Wie die Autoren bereits im Vorwort ihres Werks angeben, sollte dieses als terminologisches Hilfsmittel für die Kommunalsekretäre, aber auch für das große Publikum dienen.[399] Es entstand aus einem Mangel, mit dem – wie oben gezeigt wurde – sich auch die Übersetzer von Rechtstexten konfrontiert sahen.

Das Wörterbuch erschien in einer Zeit, als die rumänische Rechtsterminologie gemäß den konstitutionellen Grundsätzen mit der deutschen synchronisiert werden musste, um die Gleichberechtigung der zwei Sprachgemeinschaften und das gute Funktionieren des mehrsprachigen juristischen Apparats zu gewährleisten. Es kann demzufolge behauptet werden, dass Aurel Onciul und Florea Lupu gleichzeitig eine deskriptive und eine präskriptive terminologische Arbeit geleistet haben, denn die von ihnen gesammelten rumänischen Äquivalente für die deutschen Termini hatten als Leitfaden bei der Erstellung von Rechtstexten zu dienen.

Obwohl sie sich zum Ziel setzten, zur terminologischen Normierung und nach ihren Angaben zur Vereinheitlichung der rumänischen Hochsprache beizutragen, beachten sie bei mehreren Einträgen das bereits erwähnte Prinzip der Eindeutigkeit nicht. Das bedeutet, dass sie mehrere Übersetzungsvarianten für eine einzige deutsche Bezeichnung vorschlagen, was sich aber in einigen Fällen zum Teil rechtfertigen lässt. Angesichts der Tatsache, dass sich die rumänische Sprache immer noch in einer intensiven Entwicklungsphase befand, in der die terminologischen Begriffe noch nicht fixiert waren und in der neue Begriffe gestaltet werden mussten, fühlten sich die Autoren vielleicht verpflichtet, Synonyme aus der Gemeinsprache für die Fachtermini anzubieten, wie die folgenden Beispiele zeigen.

397 Siehe Onciul, Aurel und Lupu, Florea (1895) *Vorwort* für *Dicţionar JURIDIC-POLITIC.*

398 Siehe Wolf, Michaela (2012), S. 161.

399 Onciul, Aurel und Lupu, Florea (1895), *Vorwort.*

Deutscher Terminus	*Rumänische Termini*
Amnestie	amnestie, iertare generală
Befugnis	autorisare, drept, competenţă
Beschuldigter	inculpat, înpricinat
Beschädiger	autorul daunei, bântuitorul
Beschädigter	păgubaşul, bântuitul
Entschädigung	indemnisare, despăgubire, desdăunare
Frucht	fruct, roadă, poamă
Obliegenheit	dătorie, îndătorire, obligaţiune
Rechtmässig	legitim, legal, drept
Schuldner	debitor, dător
Strafbar	penal, ameninţat cu pedeapsă
Verletzung	violare, vătămare, ofensare, călcare
Vernehmung	interogatoriu, ascultare

Tabelle 9

Die Handhabung solcher synonymischen Begriffe kann aber für die Verfasser von juristisch-administrativen Papieren und insbesondere für die Übersetzer von Rechtstexten anstrengend sein, denn diese müssen ständig überlegen, welche von den Varianten vorzuziehen wäre, was die allgemeine Effizienz der Arbeit vermindert und die Dauer der Ausfertigung verlängert. Außerdem führt die Existenz solcher Synonyme zu einer terminologischen Inkonsequenz, was sich letztendlich auf den Zielleser verwirrend auswirkt.

Etymologisch betrachtet lässt die Terminologie im Wörterbuch die Neigung zur Latinisierung der rumänischen Fachsprache erkennbar werden. Behilflich dabei ist vor allem das französische Vorbild. Im Vergleich zu den französischstämmigen Termini ist die Anzahl der Bezeichnungen, die auch mit Hilfe der deutschen Sprache ins Rumänische eingefügt wurden, geringer:

Deutscher Terminus	*Rumänischer Terminus*	*Herkunft des rum. Terminus*
Anwalt	representant	frz. *représentant*
Beschwerde	reclamaţiune	frz. *réclamation*
Caution	garanţie	frz. *garantie*
Einmahnung	somaţie	frz. *sommation*
Entschädigung	indemnisare	frz. *indemniser*
Staatsanwalt	procuror	frz. *procureur*
Anklage	acusare	frz. *accusation,* lat. *accusatio*
Beschlag	confiscare	frz. *confisquer,* lat. *confiscare*
Beschluss	decisiune	frz. *décision,* lat. *decisio*
Beschuldigter	inculpat	frz. *inculper,* lat. *inculpare*
Besitz	posesiune	frz. *possession,* lat. *possessio*
Nachfolge	succesiune	lat. *successio/* frz. *succession*
Schuldner	debitor	frz. *débiteur/* it. *debitore/* lat. *debitor*
Gesetzlich	legal	frz. *légal,* lat. *legalis,* dt. *legal*
Magistrat	magistrat	dt. *Magistrat,* frz. *magistrat,* lat. *magistratus*
Procura	procură	lat. *procura,* frz. *procure,* dt. *Prokura*
Falliment	faliment	dt. *Falliment*
Instanz	instanţă	dt. *Instanz* <lat. *instantia*
Petent	petent	dt. *Petent*
Anwaltschaft	procuratură	dt. *Prokuratur,* rus. *prokuratura*

Tabelle 10

Um zu überprüfen, ob die juristisch-administrative Terminologie im Königreich Rumänien bei der Verfassung dieses Wörterbuchs (abgekürzt OL) tatsächlich als Inspirationsquelle gedient hat, bedienen wir uns des rumänischen bürgerlichen Gesetzbuches, *Codicele civile*, das 1865 unter Alexandru Ioan Cuza veröffentlicht wurde. Dadurch wird die Behauptung der zwei Autoren bestätigt, wobei aber bemerkt werden muss, dass manche der gemeinsamen Termini auch in den ersten Ausgaben der Reichsgesetzblätter (RGBl 1849 bzw. RGBl 1870) zu finden sind. Interessant ist auch, dass die meisten gemeinsamen Termini eine französische oder eine (auch) durch Französisch vermittelte lateinische Herkunft haben:

OL	*Herkunft*	*Codicele civile*	*RGBl*
apel	frz. *appel*	apel	-
cauţie, cauţiune	frz. *caution/* **dt. *Caution**** <lat. *cautio*	cauţiune	-
contravenţie	frz. *contravention*	contravenţiune	-
interogatoriu	frz. *interroger,* lat. *interrogare*	interogatoriu	-
posesiune	frz. *possession/* lat. *possessio*	posesiune	-
procuror	frz. *procureur*	procuror	-
reclamaţiune	frz. *réclamation*	reclamaţiune	-
representant	frz. *représentant*	representant	-
succesiune	lat. *successio,* frz. *succession*	succesiune	-
tutelă	frz. *tutelle/* lat. *tutela*	tutelă	-
autorisa	frz. *autoriser,* mlat. *auctorizare*	autorisa	autorisa (1870)
decisiune	frz. *décision,* lat. *decisio*	decisiune	decisiune (1870)
garanţie	frz. *garantie*	garanţie	garanţie (1849)
hotărîre	rum. ugs.	otărîre (!)	hotărâre (1849)
instanţă	dt. *Instanz,* lat. *instantia*	instanţă	instanţă (1849/1870)
legal	frz. *légal,* lat. *legalis,* dt. *legal*	legal	legal (1870)
magistrat	dt. *Magistrat/* frz. *magistrat/* lat. *magistratus*	magistrat	magistrat (1849)
martur	lat. *martyr*[400]	martur	martor (1849/1870)

Tabelle 11

Angesichts der für alle drei Untersuchungsmaterialien gemeinsamen Termini kann vermutet werden, dass die Verfasser des Wörterbuchs zur Inspiration auch auf die Reichsgesetzblätter zugriffen. Dies ist eigentlich höchstwahrscheinlich, da die beiden als Übersetzer im k.k. Redaktionsbureau tätig (gewesen) waren. Bei der Übersetzungsarbeit waren sie sicherlich mit vielen juristisch-administrativen Termini in Kontakt gekommen, doch sie erwähnen das im Vorwort ihrer Arbeit kurioserweise nicht, vielleicht um eine bevorzugte nationale sprachliche Orientierung nach den anderen rumänischen Gebieten und nicht nach dem österreichischen Vorbild zu betonen. Die Liste von Fachbegriffen aus dem Wörterbuch, die vorher in den Reichsgesetzblättern

400 Die etymologischen Angaben stammen aus dem rumänischen Wörterbuch DLR. Die mit * markierten, fettgedruckten Informationen sind unsere Ergänzung. Siehe dazu S. Kapitel IV.5.3 dieser Arbeit.

benutzt wurden, kann noch verlängert werden: *acusat* (RGBl 1870), *judecătorie* (RGBl 1870/1916), *arest* (RGBl 1870), *protocol* (RGBl 1849/1870), *penal* (RGBl 1870/1916), *crimă* (RGBl 1849/1870), *vătămare* (RGBl 1870), *confiscare* (RGBl 1849/1916), *fisc* (RGBl 1849), *drept* (RGBl 1870/1916), *lege* (1849/1870/1916).

Die Tatsache, dass die Autoren des Wörterbuchs so viele im Königreich Rumänien gebräuchliche Termini übernahmen, ist symptomatisch für die damals unternommenen Anstrengungen in Richtung einer Vereinheitlichung der rumänischen Sprache in allen von RumänInnen bewohnten Gebieten. Wie im Falle der österreichischen Reichsgesetzblätter werden die juristisch-administrativen Termini meistens mit Hilfe lateinischer Begriffe gestaltet. Dazu werden noch Fachwörter aus dem Französischen entlehnt. Dass der französische Einfluss stärker im Königreich Rumänien als in der habsburgischen Bukowina war, lässt sich in der höheren Zahl französischstämmiger Termini erkennen, die im *Codicele civile* vorkommen.

Wie aus der Tabelle hervorgeht, waren die vereinheitlichenden Bemühungen bereits eingeleitet worden. Die Liste der Termini, die sowohl im rumänischen bürgerlichen Gesetzbuch als auch in den Reichsgesetzblättern erscheinen, kann erweitert werden: *administrațiune* (RGBl 1849), *esercitare* (RGBl 1849), *proprietar(i)* (RGBl 1849), *a defige* (RGBl 1849), *condamnare* (RGBl 1870), *contract* (RGBl 1849), *judecată* (RGBl 1849), *decret* (RGBl 1849/1916), *despăgubire* (RGBl 1849/1916), *ordonanță* (RGBl 1849), *a împuternici* (RGBl 1849), *lege* (RGBl 1849/1870/1916), *uzufructuar (colon)* (RGBl 1849)/ *usufructuar (colon)* (*Codicele civile*), *recurs* (RGBl 1849/1870/1916), *a regula* (RGBl 1849), *delict* (RGBl 1870).

Wir stellen uns jetzt die Frage, ob die Abfassung dieses Wörterbuchs die Arbeit im k.k. Redaktionsbureau und die dabei gebrauchte juristisch-administrative Terminologie irgendwie beeinflusst hat. Eine diachronische vergleichende Analyse der Termini könnte in diesem Sinne erhellend sein. Unter den gesammelten Termini fallen ein paar Fälle auf, in denen die Begriffe im Reichsgesetzblatt von 1916 sich von den Begriffen in den früheren Ausgaben der kaiserlichen Publikation unterscheiden und doch mit den Begriffen aus dem Wörterbuch übereinstimmen.

RGBl 1849	*RGBl 1870*	*OL (1895)*	*RGBl 1916*
pârât	acusat	pîrît	pîrît
confiscare	sechestrare, reținere	confiscare	confiscare
plânsoare, pâră	incusă	pîră, acțiune	pîră, acțiune
determinăciune	-	decisiune, hotărîre	hotărire
învinuit	acusat	inculpat, înpricinat	inculpat
proprietariu	-	posesiune	posesor

Tabelle 12

Dass sich die im juristisch-politischen Wörterbuch vorgeschlagenen Termini auch bei der Übersetzung der österreichischen Reichsgesetzblätter durchsetzen konnten, ist nicht so verwunderlich, wenn berücksichtigt wird, dass sich einer der Autoren der zweisprachigen Sammlung ab dem Jahr ihrer Veröffentlichung als Übersetzer im k.k. Redaktionsbureau betätigte. Auf diese Weise konnte Florea Lupu zwischen den Jahren 1895 und 1897 die im Wörterbuch präsentierte Terminologie in der Praxis umsetzen und dadurch zu ihrer Verankerung in der Zielsprache beitragen.

Hierbei soll auch darauf hingewiesen werden, dass mindestens zwei rumänische Übersetzer des habsburgischen Redaktionsbureaus, also Aurel Onciul und Florea Lupu, sich für die Vereinheitlichung der rumänischen Sprache einsetzten. Ihre translatorische Tätigkeit bot ihnen eine optimale Möglichkeit, diesen nationalen Zweck zu verwirklichen. Wie bei der Analyse der juristisch-administrativen Terminologie der Reichsgesetzblätter veranschaulicht wurde, verlangte die Übertragung der deutschen Rechtstexte ins Rumänische die Prägung ganz neuer Fachbegriffe in der Zielsprache, wobei die Übersetzer eine vorrangige Rolle spielten. Dabei konnten sie – in Anlehnung an die öffentlich deklarierten Uniformisierungsbestrebungen – der rumänischen Nation dienen und bei der Annäherung der getrennt lebenden RumänInnen mitwirken.

IV.5.3. Deutsch-rumänisches Glossar juristisch-administrativer Termini

Die in der vorliegenden Doktorarbeit durchgeführte Untersuchung wird im Folgenden durch ein selbst erstelltes Glossar vervollständigt. Darin befinden sich äquivalente deutsche und rumänische Termini aus dem juristisch-administrativen Bereich, die wir aus drei zweisprachigen Ausgaben der österreichischen Reichsgesetzblätter beziehungsweise aus dem juristisch-politischen Wörterbuch der Bukowiner Aurel Onciul und Florea Lupu (1895) gesammelt haben. Die in den vorherigen Unterkapiteln ausgewertete Terminologie kann hier im Rahmen einer Tabelle nachgeschlagen und im Vergleich zu weiteren Begriffen analysiert werden.

Die Wahl der drei Ausgaben der Reichsgesetzblätter (aus den Jahren 1849, 1870 und 1916) ist dadurch begründet, dass im Glossar einerseits die chronologische Entwicklung der juristisch-administrativen Termini ersichtlich sein soll. Zu diesem Zweck wird für jeden Terminus auch die Quelle in der Tabelle angegeben.

Andererseits interessieren uns die Wortbildungsmechanismen, durch die sich die moderne rumänische Terminologie entfaltete. Um dies nachzuvollziehen haben wir zuerst die Etymologie der rumänischen Bezeichnungen mit Hilfe des umfangreichen Lexikons der rumänischen Akademie *Dicţionarul Limbii Române (DLR)* untersucht. Angesichts unserer Zielsetzung werden in dem Glossar genaue etymologische Angaben nur für die Neologismen aufgeführt. Für die Bezeichnungen, die aus der rumänischen Gemeinsprache stammen, wird lediglich die Umgangssprache als Herkunft genannt.

Um die Daten aus dem DLR zu ergänzen, haben wir einen komparativen Vergleich zwischen den deutschen und den rumänischen Termini gezogen. Dafür waren einige etymologische Informationen auch für die deutschen Begriffe notwendig, die wir vornehmlich aus dem *Etymologischen Rechtswörterbuch* von Gerhard Köbler übernommen haben. Bei den wenigen Bezeichnungen, die in diesem Wörterbuch nicht vorkommen, war das *WAHRIG Fremdwörterlexikon* behilflich. Relevant für die vorgenommene Untersuchung war der lateinische bzw. französische Ursprung mancher deutscher Termini und dieser wird auch in der folgenden Tabelle angegeben. Im Falle der anderen alten deutschen Termini wird lediglich Deutsch als Herkunft genannt.

Aufgrund dieses Vergleichs sind wir zu der Schlussfolgerung gekommen, dass einige lateinisch- bzw. französischstämmige Begriffe auch mit Hilfe der deutschen Sprache ins Rumänische eingeführt wurden, obwohl das DLR den deutschen Einfluss nicht erwähnt. Für diese Termini haben wir die aus DLR stammende Etymologie durch den deutschen Terminus ergänzt, wobei jede Ergänzungen mit * und mit **fettgedruckter** Schrift im Glossar markiert ist.

Neben solchen Entlehnungen, bei denen die anderssprachige Herkunft als solche angegeben wird, haben wir drei weitere Wortbildungsverfahren identifiziert: Lehnbedeutungen (die Zuweisung einer neuen Bedeutung zu einem schon existierenden Begriff), strukturelle und syntagmatische Lehnübersetzungen (die Übersetzung von Ausdrücken aus einer Sprache durch Wörter bzw. Redewendungen aus der anderen). In die Kategorie der strukturellen Lehnübersetzungen ordnen wir auch die Redewendungen, die mit Bindestrichen gebildet werden, denn sie gelten nach Absicht des jeweiligen Übersetzers als kompakte Fachtermini. Im Rahmen unserer Analyse beschränkten wir uns auf die Sprachen Deutsch und Rumänisch und dürfen somit in der Tabelle solche Verfahren nur mit Bezug auf Deutsch als mögliche Ausgangssprache angeben. Dies bedeutet aber keinesfalls, dass sich die Schöpfer dieser Ausdrücke von keinen anderen Sprachen inspirieren ließen. Es ist jedoch wahrscheinlicher, dass die deutsche Sprache als Vorbild gedient hat, wenn man bedenkt, dass die jeweiligen Termini bei der Übersetzung von Texten aus dem Deutschen gebraucht werden.

Insgesamt enthält das Glossar also fünf Kategorien von rumänischen juristisch-administrativen Begriffen:

- Bezeichnungen aus der Gemeinsprache, die eine spezialisierte Bedeutung bekommen;
- entlehnte Bezeichnungen, die – wie in der Tabelle ersichtlich – vor allem eine lateinische Herkunft haben. Für diese Termini werden die etymologischen Angaben nur ein einziges Mal aufgeführt. Somit soll auch eine quantitative Bewertung der Quellen erleichtert werden;
- Lehnbedeutungen, bei denen das deutsche Muster die Umsetzung der rumänischen umgangssprachlichen Äquivalente im Fachbereich inspirierte;
- Strukturelle Lehnübersetzungen, die zu der Gestaltung neuer Wörter nach deutschem Vorbild führten;
- Syntagmatische Lehnübersetzungen, die zu der Gestaltung neuer Redewendungen nach deutschem Vorbild führten.

Das tabellarische Glossar enthält 242 Einträge, d.h. 242 juristisch-administrative deutsche Begriffe mit ihren jeweiligen rumänischen Äquivalenten, die in den meisten Fällen multipel sind. Dies erklärt sich einmal durch die terminologische Inkonsequenz im Rahmen der gleichen Ausgabe, aber auch dadurch, dass wir in der Spalte für rumänische Termini Bezeichnungen aus allen drei Ausgaben der Reichsgesetzblätter, aber auch aus dem Wörterbuch von Aurel Onciul und Florea Lupu auflisten. Auch die Termini, die in mehreren Quellen (oder auch in der gleichen Quelle) aber mit unterschiedlicher Schreibweise erscheinen, haben wir separat geschrieben, denn dies ist unserer Meinung nach relevant für die Bewertung des Standardisierungsniveaus der rumänischen Fachsprache.

Weitere Hinweise zur Benutzung:
Die Tabelle ist alphabetisch nach der ersten Spalte (der deutschen Termini) sortiert. Die Sprachen, aus denen die jeweiligen Termini stammen, sind normal gedruckt, wobei die entsprechenden ursprünglichen Formen *kursiv* gesetzt sind.

Abkürzungsverzeichnis:

afrz. – altfranzösich
arab. – arabisch
dt. – deutsch
frz. – französich
gr. – griechisch
it. – italienisch
lat. – lateinisch
mgr. – mittelgriechisch
mhd. – mittelhochdeutsch
mlat. – mittellateinisch
neugr. – neugriechisch

OL – *Dicționar JURIDIC-POLITIC* von Aurel Onciul und Florea Lupu
RGBl – Reichsgesetzblatt
rum. ugs. – rumänisch umgangssprachlich
russ. – russisch
slaw. – slawisch
str. Lehnübersetzung – strukturelle Lehnübersetzung
syn. Lehnübersetzung – syntagmatische Lehnübersetzung
ung. – ungarisch

GLOSSAR

Nr	Deutscher Terminus	Herkunft	Rumänischer Terminus	Herkunft
1	Abschrift (RGBl 1849/1916)	dt.	copie (RGBl 1849/1916)	russ. *kopija/* dt. *Kopie/* it./ frz. <mlat. *copia*
2	Administration (RGBl 1849)	lat. *administratio*	administraţiune (RGBl 1849)	frz. *administration/* **dt. *Administration***/** russ. *administracija/* lat. *administratio*
3	Advokat (OL)	lat. *advocatus*	advocat (OL)	lat. *advocatus/* frz. *avocat/* **dt. *Advokat****
4	Amnestie (OL)	gr. *amnestia*	amnestie iertare generală (OL)	frz. *amnistie/* **dt. *Amnestie**** rum. ugs.
5	Amtsabschrift (RGBl 1849)	dt.	copie dirigătorească (RGBl 1849)	Siehe nr. 1 und 28
6	Amtszeugnis (RGBl 1849)	dt.	atestatu oficialu (RGBl 1849)	dt. *Attestat/* lat. *attestatum* lat. *officialis/* neugr./russ./ dt. *offiziell, offizial/* frz. *officiel*
7	Angeklagter (OL)	dt.	acusat (OL)	frz. *accusé*
8	Angeschuldigte (RGBl 1849)	dt.	învinuit (RGBl 1849)	Str. Lehnübersetzung aus dem Deutschen
9	Anklage (OL)	dt.	acusare (OL)	frz. *accusation/* lat. *accusatio*
10	Ankläger (OL)	dt.	acusator (OL)	frz. *accusateur*
11	anordnen (RGBl 1849)	dt.	a ordina (RGBl 1849/1870) a dispune (RGBl 1916)	frz. *ordonner/* dt. *ordinieren* lat. *disponere/* frz. *dispose*
12	Anspruch (RGBl 1849/1916)	dt.	căutare/ pretindere (RGBl 1849) pretensiune (RGBl 1916)	rum. ugs. lat. *praetendere/* frz. *prétendre* lat. *praetensio/* dt. *Prätension, Prätention/* frz. *prétention*
13	Anstalt (RGBl 1849)	dt.	institut (RGBl 1849)	Siehe nr. 111
14	Anwalt (OL)	dt.	representant (OL)	frz. *représentant*
15	Anwaltschaft (OL)	dt.	procuratură (OL)	dt. *Prokuratur/* russ. *prokuratura*

16	Anwendung (RGBl 1849)	dt.	aplicare (RGBl 1849/1916) aplecare (RGBl 1870)	frz. *application/* lat. *applicare*
17	Anzeigung (RGBl 1849)	dt.	denunțiație (RGBl 1849)	frz. *dénoncer/* lat. *denuntiare*
18	Appelation (OL)	lat. *appelatio*	apelațiune/ apel (OL)	frz. *appelation/* **dt. *Appelation**** / lat. *appelatio* frz. *Appel*
19	Appelationsgericht (RGBl 1849)	siehe nr. 18 dt.	județ apelatoriu (RGBl 1849)	Siehe nr. 91 u. 18
20	Arrest (RGBl 1870/1916)	mlat. *arrestum*	arest (RGBl 1870/1916)	dt. *Arrest/* it. *Arresto*
21	Arreststrafe (RGBl)	siehe nr. 20 dt.	pedeapsă în închisoare (RGBl 1849) pedeapsă de arest (RGBl 1870)	rum. ugs. Syn. Lehnübersetzung aus dem Deutschen siehe auch nr. 20
22	Aufhebung (1870)	dt.	rădicare (RGBl 1849) disrĕdicare (RGBl 1870) derogare (RGBl 1916)	Lehnbedeutung/ str. Lehnübersetzung aus dem Deutschen fr. *déroger/* lat. *derogare*
23	Augenzeuge (OL)	dt.	martur ocular (OL)	Siehe nr. 240 frz. *oculaire*
24	Ausfuhr (1849/1870)	dt.	purtare în afară/ esportare (RGBl 1849) esport (RGBl 1870)	Syn. Lehnübersetzung aus dem Deutschen lat. *exportare/* frz. *exporter* dt. *Export*
25	Ausstellung (von Urkunden) (RGBl 1849)	dt.	estradare (RGBl 1849)	Str. Lehnübersetzung aus dem Deutschen
26	Ausübung (RGBl 1849)	dt.	esercitare (RGBl 1849)	lat. *exercitare/* it. *esercitare*
27	Bagatellsachen (1916)	frz. *bagatelle/* it. *bagatella*	acțiuni de bagatel (RGBl 1916)	Syn. Lehnübersetzung aus dem Deutschen frz. *action* frz. *bagatelle/* **dt. *Bagatelle****

28	Beamte (RGBl 1870)	dt.	diregătoriu (RGBl 1870)	lat. *dirigere*
29	Beauftragen (RGBl 1849/1870)	dt.	a însărcina (RGBl 1849/1870)	Str. Lehnübersetzung aus dem Deutschen
30	beeiden (RGBl 1849)	dt.	a jura (RGBl 1849)	rum. ugs.
31	Befehl (RGBl 1849/1870)	dt.	poruncă (RGBl 1849) mandat (RGBl 1870)	rum. ugs. Siehe nr. 132
32	Behörde (RGBl)	dt.	diregătorie (RGBl 1849/1870/1916) jurisdicțiune (RGBl 1849)	Siehe nr. 28 Siehe nr. 113
33	Beklagter (RGBl/OL)	dt.	pârât (RGBl 1849) acusat (RGBl 1870) pîrît (RGBl 1916/OL)	rum. ugs. siehe nr. 7 rum. ugs.
34	berechtigt (RGBl 1870)	dt.	indreptățit (RGBl 1870) în drept (RGBl 1916)	Str. bzw. syn. Lehnübersetzung aus dem Deutschen
35	Beschädiger (OL)	dt.	autorul daunei (OL)	lat. *au(c)tor* lat. damna
			bântuitorul (OL)	rum. ugs
36	Beschädigter (OL)	dt.	păgubașul/ bântuitul (OL)	rum. ugs. rum. ugs.
37	Beschlag (OL)	dt.	confiscare (OL)	frz. *confisquer/* lat. *confiscare*
38	Beschlagnahme (RGBl)	dt.	confiscare (RGBl 1849/1916) sechestrare/ reținere (RGBl 1870)	Siehe nr. 37 frz. *séquestrer/* lat. *sequestrare*. frz. *retenir*
39	Beschluss (RGBl 1849/1916 / OL)	dt.	decisiune/ hotărîre (OL)	frz. *décision*<lat. *decisio* rum. ugs.
		dt.	determinăciune (RGBl 1849) hotărire (RGBl 1916)	frz. *déterminer/* lat. *determinare* rum. ugs.
40	Beschuldigter	dt.	învinuit (RGBl 1849) acusat (RGBl 1870) inculpat (RGBl 1916/OL) înpricinat (OL)	Str. Lehnübersetzung aus dem Deutschen siehe nr. 7. frz. *inculper/* lat. *inculpare* Str. Lehnübersetzung aus dem Deutschen

41	Beschwerde (RGBl 1849/OL)	dt.	plânsoare (RGBl 1849) reclamaţiune (OL)	rum. ugs. frz. *réclamation*
42	Besitz (RGBl 1849/OL)	dt.	avere/ stăpânire (RGBl 1849) posesiune (OL)	frz. *avoir*/ it. *avere* rum. ugs. frz. *possession*/ lat. *possessio*
43	Besitzer (RGBl 1849/1916)	dt.	propritariu (RGBl 1849) posesor (RGBl 1916)	lat. *proprietarius*/ frz. *propriétaire* lat. *possessor*/ frz. *possesseur*
44	Besitzstand (RGBl 1849)	dt.	stat de stăpânire (RGBl 1849)	Syn. Lehnübersetzung aus dem Deutschen
45	Besitzstörung (RGBl 1849)	dt.	turburarea stăpânirei (RGBl 1849)	Syn. Lehnübersetzung aus dem Deutschen
46	Besitzstreitigkeit (RGBl 1849)	dt.	ceartă pentru stăpânire (RGBl 1849)	Syn. Lehnübersetzung aus dem Deutschen
47	bestehend (RGBl 1849/1916)	dt.	stătător (RGBl 1849) existent (RGBl 1916)	Lehnbedeutung aus dem Deutschen lat. *existens*/ frz. *existant*/ it. *esistente*
48	bestimmen (RGBl 1849)	dt.	a defige (RGBl 1849)	lat. *defigere*
49	Bestimmungen (RGBl 1849)	dt.	aşezământe/ aşezemânte/ hotăriri (RGBl 1849) dispuseciuni (RGBl 1870)/ dispoziţii (RGBl 1916)	rum. ugs. lat. *dispositio*/ frz. *disposition*
50	Betrug (OL)	dt.	înşelăciune (OL)	rum. ugs.
51	Beurtheilung (RGBl 1870)	dt.	condamnare (RGBl 1870)	frz. *condamner*/ lat. *condemnare*
52	bevollmächtigen (OL)	dt.	a înputernici/ autorisa (OL)	Str. Lehnübersetzung aus dem Deutschen frz. *autoriser*/ mlat. *auctorizare*
53	Beweis (OL)	dt.	probă/ dovadă (OL)	lat. *proba*/ dt. *Probe*/ it. *prova*/ pol. *próba*/ ung. *probá*/ frz. *preuve* rum. ugs.
54	Beweiskraft (RGBl 1870)	dt.	puterea probătoarie (RGBl 1870)	Syn. Lehnübersetzung aus dem Deutschen Siehe auch nr. 53

55	Beweismittel (RGBl 1849/1870)	dt.	mijloace-de-demustrare (RGBl 1849) / medloace de probare (RGBl 1870)	Str. Lehnübersetzung aus dem Deutschen lat. *demonstrare* Syn. Lehnübersetzung aus dem Deutschen
56	Bezirksgericht (RGBl)	dt.	județ cercular (RGBl 1849) judecătorie cercuală (RGBl 1870) pretură (RGBl 1916)	Siehe nr. 91 lat. *circus* Siehe nr. 91 lat. *praetura*/ frz. *préture*
57	Caution (OL)	lat. *cautio*	cauțiune/cauție / garanție (OL)	frz. *caution*/ **dt. *Caution**** <lat. *cautio* frz. *garantie*
58	Civilgericht (RGBl 1849/1870)	frz. *civil*/ lat. *civilis* dt.	județ civil (RGBl 1849) judecătorie civilă (RGBl 1870)	Siehe nr. 91 frz. *civil*/ **dt. *Civil-**** / lat. *civilis*
59	Commissär (RGBl 1849)	mlat. *commissarius* / frz. *commissaire*	comisariu (RGBl 1849)	mlat. *commissarius*/ russ. *kommisari*/ **dt. Commissär***bzw. *Kommissar*/ fr. *commissaire*
60	Competenz (RGBl 1849)	lat. *competentia*	competința (RGBl 1849)	frz. *compétence*/ **dt. *Competenz**/** lat. *competentia*
61	Concessionär (1870)	lat. *concessio*	concesiunar (RGBl 1870)	frz. *concessionnaire*/ dt. *konzessionieren*/ lat. *concessio*
62	Contracts-Abschlüssen (RGBl 1849)	lat. *contractus*	încheierea contractelor (RGBl 1849)	neugr. *condrát*/ it. *contratto*<lat. *contractus*/ **dt. *Contract****
63	Criminalgericht (RGBl 1849)	lat. *criminalis* dt.	judecată criminală (RGBl 1849)	lat. *judicata* frz. criminel/ **dt. Criminal-*** bzw. Kriminal (gericht)/ lat. *criminalis*
64	Decret (RGBl 1849/1916)	lat. *decretum*	decret (RGBl 1849/1916)	lat. *decretum*/ fr. *décret*/ **dt. *Decret****
65	Dritte Person (RGBl 1849)	dt.	a treea persoana (RGBl 1849)	Syn. Lehnübersetzung aus dem Deutschen
66	Einfuhr (RGBl 1849/1916)	dt.	purtare în lăuntru (RGBl 1849) import (RGBl 1916)	Syn. Lehnübersetzung aus dem Deutschen dt. *Import*
67	Eingaben (RGBl 1849)	dt.	essibite (RGBl 1849)	lat. *exhibitum*
68	Einmahnung (OL)	dt.	somație (OL)	frz. *sommation*

69	Endbescheid (RGBl 1849)	dt.	hotărâre finală (RGBl 1849)	rum. ugs.
70	Entschädigung (RGBl 1849/OL)	dt.	despăgubire (RGBl 1849/ OL) indemnisare/ desdăunare (OL)	Str. Lehnübersetzung aus dem Deutschen frz. *indemniser* Lehnübersetzung aus dem Deutschen
71	Entschädigungsanspruch (RGBl 1849)	dt.	căutare de despăgubire (RGBl 1849)	Syn. Lehnübersetzung aus dem Deutschen
72	Entscheidung (RGBl 1870)	dt.	decisiune (RGBl 1870) hotărire/ decizie(RGBl 1916)	Siehe nr. 39 rum. ugs.
73	Entschliessung (RGBl 1849/1870)	dt.	rezoluţiune/ resoluţiune (RGBl 1849) decisiune (RGBl 1870)	lat. *resolutio/* dt. *Resolution/* frz. *résolution* Siehe nr. 39
74	Entschluss (OL)	dt.	hotărîre (OL)	rum. ugs.
75	erklären (RGBl 1849)	dt.	a dechiara (RGBl 1849)	lat. *declarare/* fr. *d*éclarer
76	Erklärung (RGBl 1849)	dt.	dechiarare (RGBl 1849)	Siehe nr. 75
77	Erlass (RGBl 1849)	dt.	decretare/ orânduială/ ordinanţă/ ordonanţă (RGBl 1849)	Siehe nr. 64 rum. ugs. frz. *ordonnance/* it. *ordinanza/* dt. *Ordonnanz*
			emis (RGBl 1870/1916)	lat. *emittere/* frz. émettre
78	Ermächtigen (RGBl 1849)	dt.	a împuternici (RGBl 1849) a autorisa (RGBl 1870)	Str. Lehnübersetzung aus dem Deutschen Siehe nr. 52
79	Ermächtigung (RGBl 1849)	dt.	înputernicire (RGBl 1849)	Str. Lehnübersetzung aus dem Deutschen
80	Erstattung (RGBl 1849)	dt.	aşternere (RGBl 1849)	rum. ugs.
81	Fälligkeit (OL)	dt.	scadenţă (OL)	it. *scadenza*
82	Falliment (OL)	it. *fallieren*	faliment (OL)	dt. *Falliment*

83	Finanzministerium (RGBl)	mlat. *financia*/ frz. *finances* lat. *ministerium*/ frz. *ministère*	Ministeriul-de-finanţă (RGBl 1849) Ministeriul de finanţe (RGBl 1870) Ministerul de finanţe (RGBl 1916)	Siehe nr. 106 frz. *finance* frz. *ministère*/ lat. *ministerium*
84	Fiscus (RGBl 1849/OL)	lat. *fiscus*	fisc (RGBl 1849/OL)	frz. *fisc*/ **dt. Fiscus***
85	Frucht (OL)	lat. *fructus*	fruct, roadă, poamă (OL)	Lehnbedeutung aus dem Deutschen
86	Geklagter (OL)	dt.	pîrît (OL)	rum. ugs.
87	Geldstrafe (RGBl)	dt.	pedeapsă în bani (RGBL 1849/1870) amendă (RGBl 1916)	Syn. Lehnübersetzung aus dem Deutschen frz. *amende*
88	Geldvorschuss (RGBl 1849)	dt.	anticipare-de-bani (RGBl 1849)	Str. Lehnübersetzungaus dem Deutschen
89	genehmigen (RGBl 1849)	dt.	a aplacida (RGBl 1849)	gehört nicht mehr zur rumänischen Sprache
90	Genehmigung (RGBl 1870)	dt.	aprobare (RGBl 1870)	lat. *approbare*
91	Gericht (RGBl/OL)	dt.	judeţ (RGBl 1849) judecătorie (RGBl 1870/1916/OL)	lat. *judicium* lat. *judicare*
92	Gerichtlich (RGBl 1849/1916)	dt.	judecătoresc (RGBl 1849/1916)	Siehe nr. 170
93	Gerichtsbarkeit (RGBl)	dt.	jurisdicţiune (RGBl 1849/1916) jurisdicciune (RGBl 1870)	Siehe nr. 113
94	Gerichtsbehörde (RGBl 1849)	dt.	judecătorie (RGBl 1849)	Siehe nr. 170
95	Gerichtsbezirk (RGBl 1870)	dt.	cerc judecătorial (RGBl 1870)	Siehe nr. 56 u. 170
96	Gerichtsstand (RGBl 1849)	dt.	stat judiciar (RGBl 1849)	Lehnbedeutung für *stat* frz. *judiciare*
97	Geschäftsausweise	dt.	arătări de lucrări (RGBl 1849)	lat. *lucrare*
98	Gesetz (RGBl/OL)	dt.	lege (RGBl 1849/1870/1916/ OL)	lat. *lex, legis*
99	Gesetzgebung (RGBl 1849/1870)	dt.	legislăciune (RGBl 1849/1870)	lat. *legislatio*/ frz. *l*égislation
100	Gesetzlich (RGBl 1849/1870/ OL)	dt.	legiuit (RGBl 1849) legal (RGBl 1870/OL)	Siehe nr. 98 frz. *légal*/ lat. *legalis*/ dt. *legal*

101	Geständnis (RGBl 1849)	dt.	mărturisire (RGBl 1849)	rum. ugs.
102	Glaubwürdig (RGBl 1849)	dt.	vrednic de crezut (RGBl 1849)	Syn. Lehnübersetzung aus dem Deutschen
103	Gränzbezirk (RGBl 1870)	dt.	cerc fruntariu (RGBl 1870)	Siehe nr. 56
104	Grundlage (RGBl 1849)	dt.	temei (RGBl 1849)	rum. ugs .
105	Haft (OL)	dt.	arest (OL)	Siehe nr. 20
106	Handelsministerium (RGBl 1870)	dt. siehe nr. 83	Ministeriul de comerciu (RGBl 1870) Ministerul de comerţ (RGBl 1916)	Syn. Lehnübersetzung aus dem Deutschen Siehe nr. 83 lat. *commercium*/ it. *commercio, commerzio*/ frz. *commerce*
107	Hausdurchsuchung (RGBl 1849/1870)	dt.	investigarea căşii/ vizitaţie de casă/ vizitare de casă (RGBl 1849) cercetarea de casă (RGBl 1849/1870)	Syn. Lehnübersetzung aus dem Deutschen lat. *investigo* lat. *visitatio*/ frz. *visitation*/ dt. *Visitation* lat. *circitare*
108	Hofdecret (RGBl 1849)	dt. siehe nr. 64	decret de curte (RGBl 1849)	Syn. Lehnübersetzung aus dem Deutschen Siehe auch nr. 64
109	Hofkanzlei (RGBl 1849)	dt. mhd. *kanzelie* < lat. *cancelli,* mlat. *cancellaria*	cancelarie de curte (RGBl 1849)	Syn. Lehnübersetzung aus dem Deutschen: dt. Kanzlei
110	Instanz (RGBl 1849/OL)	mlat. *instantia*	instanţă (RGBl 1849/1870/1916 / OL)	dt. *Instanz* <lat. *instantia*
111	Institut (RGBl 1849)	lat. *institutum*	institut (RGBl 1849)	frz. *institut*/ lat. *institutum*/ **dt. *Institut****
112	Instruction (RGBl 1849)	lat. *instructio*	instrucţiune (RGBl 1849)	frz. *instruire*/ lat. *Instruere* **dt. *Instruction****
113	Jurisdiction (1849/1916)	lat. *iurisdictio*	jurisdicţiune (RGBl)1849/1916)	frz. *jurisdiction*/ lat. *jurisdictio*/ ***dt. Jurisdiction****

114	Justizhofdekret (RGBl 1849)	lat. *iustitia* dt.	decret de curte a justiției (RGBl 1849)	Syn. Lehnübersetzung aus dem Deutschen lat. *justitia/* **dt. *Justiz**** Siehe auch nr. 64
115	Justizministerium (RGBl) Justizminister (RGBl 1870/1916)	Siehe nr. 114 und 83. lat. *minister/* frz. *ministre*	Ministeriul de dreptate (RGBl 1849), Ministeriul de justeață (RGBl 1870), Ministerul de justiție (RGBl 1916) ministrul de justeață (RGBl 1870) ministrul de justiție (RGBl 1916)	Siehe nr. 83 u. 159 Siehe nr. 83 u. 114 Siehe nr. 83 u. 114 lat. *minister/* frz. *ministre*
116	Klage (RGBl/OL)	dt.	plânsoare/ pâră (RGBl 1849) incusă (RGBl 1870) pîră/ acțiune (RGBl 1916/OL)	rum. ugs. gehört nicht mehr zur rumänischen Sprache Siehe nr. 27
117	Kläger (RGBl 1849)	dt.	pârâtoriu (RGBl 1849)	rum. ugs.
118	Kraft (RGBl 1849/1916)	dt.	putere (RGBl 1849) vigoare (RGBl 1916)	rum. ugs. frz. *vigueur/* lat. *vigor*
119	Kreisgericht (1870)	dt.	judecătorie de ținut (RGBl 1870)	Siehe nr. 91 rum. ugs.
120	Kriegsministerium (RGBl 1849/1916)	dt. Siehe nr. 83.	Ministeriul de rezbel (RGBl 1849) Ministerul de răsboiu (RGBl 1916)	Syn. Lehnübersetzung aus dem Deutschen rum. ugs. Siehe auch nr. 83
121	Kundmachung (RGBl 1870)	dt.	publicăciune (RGBl 1870) publicare (RGBl 1916)	lat. *publicare*
122	Kunstverständige (RGBl 1849)	dt.	pricipătorii-de-artă (RGBl 1849)	Str. Lehnübersetzung aus dem Deutschen
123	Landeschef (RGBl 1849)	dt. frz. *chef*	șeful țerii (RGBl 1849)	Syn. Lehnübersetzung aus dem Deutschen
124	Landrecht (RGBl 1849)	dt.	județ țeran (RGBl 1849)	Siehe nr. 91 ugs. rum.
125	legal (OL)	lat. *legalis*	legal (OL)	Siehe nr. 100
126	legalisieren (OL)	frz. *légaliser* zu lat. *legalis*	a legalisa (OL)	frz. *légaliser/* dt. *legalisieren*

127	Legalität (OL)	frz. *légalite* zu lat. *legalis*	legalitate (OL)	frz. *légalite/* it. *legalità/* lat. *legalitas*
128	Lieferungsgeschäften	dt.	treburile liferărei (RGBl 1849)	ugs. rum. dt. *liefern*
129	Lohnung (RGBL 1849)	dt.	sold (RGBl 1849)	frz. *solde*
130	Magistrat (RGBl 1849)	lat. *magistratus*	magistrat (RGBl 1849 / OL)	dt. *Magistrat/* frz. *magistrat/* lat. *magistratus*
131	Mahnung (OL)	dt.	somațiune (OL)	Siehe nr. 68
132	Mandat (OL)	lat. *mandatum*	mandat (OL)	frz. *mandat/* dt. *Mandat*
133	Militär-Verwaltungs- und Justiz-Geschäfte	frz. *militaire*<lat. *militaris*	trebile militare administrative și justițiare (RGBl 1849)	frz. *militaire/* lat. *militaris/* dt. *Militär* Siehe auch nr. 2 u. 114
134	Ministerium der auswärtigen Angelegenheiten (RGBl 1849)	Siehe nr. 83 dt.	Ministeriul trebilor din afară (RGBl 1849)	Syn. Lehnübersetzung aus dem Deutschen Siehe auch nr. 83
135	Ministerium des Inneren (RGBl)	Siehe nr. 83 dt.	Ministeriul din lăuntru (RGBl 1849) Ministeriul de interne (RGBl 1870) Ministerul de interne (RGBl 1916)	Syn. Lehnübersetzung aus dem Deutschen Siehe nr. 83 frz. *interne* <lat. *internus*
136	Missethat (OL)	dt.	crimă/fără de lege (OL)	frz. *crime/* lat. *crimen* Siehe auch nr. 63
137	Mitschuldige (RGBl 1849)	dt.	convinovatu (RGBl 1849)	gehört nicht mehr zur rumänischen Sprache; Str. Lehnübersetzung aus dem Deutschen
138	Nachfolgerecht (OL)	dt.	drept de succesiune (OL)	Str. Lehnübersetzung aus dem Deutschen Siehe nr. 159 lat. *successio/* frz. *succession*
139	Nationalgarde (RGBl 1849)	nlat. *nationalis* frz. *garde*	garda națională (RGBl 1849)	Syn. Lehnübersetzung aus dem Deutschen frz. *garde* lat. *nationalis/* frz. *national*
140	Nichterfüllung (RGBl 1916)	dt.	neîmplinire (RGBl 1916)	Str. Lehnübersetzung aus dem Deutschen
141	notariell (OL)	frz. *notarial*	notarial (OL)	frz. *notarial*

142	Nulitätsbeschwerde (OL)	mlat. *nullitas* dt.	recurs de nulitate (OL)	Siehe nr. 165 lat. *nullitas*/ frz. *nullité*
143	Nutzungseigenthümer (RGBl 1849)	dt.	uzufructuar (colon) (RGBl 1849)	lat. *usufructuarius*/ frz. *Usufructuaire*
144	Obergericht (RGBl 1849)	dt.	judeţ de sus (RGBl 1849)	Lehnübersetzung aus dem Deutschen Siehe nr. 91
145	Oberstes Gefällsgericht	dt.	judeţul cel mai de sus de vămuire (RGBl 1849)	Syn. Lehnübersetzung aus dem Deutschen Siehe nr. 91 u. 242
146	Obliegenheit (OL)	dt.	dătorie/îndatorire/ obligaţiune (OL)	lat. *debitorius* frz. *obligation*/ lat. *obligatio*
147	Organ (RGBl 1849)	lat. *organum*	organ (RGBl 1849)	neugr. órganon/ it. *organo*/ lat. *organum*/ frz. *organe*/ dt. *Organ*/ russ. *organ*
148	Partei (RGBl)	afrz. *partie* < lat. *partire*	partid (RGBl 1849/1870) parte (RGBl 1016)	it. *partito*/ neugr. *partidon*/ frz. *parti* lat. *pars*
149	Patent (RGBl 1849)	lat. *patentes* frz. *patente*	patent (RGBl 1849)	dt. *Patent*
150	Petent (OL)	lat. *petens*	petent (OL)	dt. *Petent*
151	Polizeiübertretung (RGBl 1849)	mlat. *policia* dt.	călcare de poliţie (RGBl 1849)	Syn. Lehnübersetzung aus dem Deutschen Lehnbedeutung für *călcare* lat. *politia*/ dt. *Polizei*/ russ. *poliţija*/ fr. *police*
152	Privatperson (RGBl 1849)	lat. *privatus* lat. *persona*	persoană privată (RGBl 1849)	Syn. Lehnübersetzung aus dem Deutschen lat. *persona*/ dt. *Person*/ it. *persona*/ frz. *personne* lat. *privatus*/ dt.*Privat*/ frz. *privé*
153	privatrechtlich (RGBl 1849)	Siehe nr. 152 dt.	ce se ţin[e] de drepturile private (RGBl 1849)	Siehe nr. 152

154	processualisch (RGBl 1849)	mlat. *processus*	procesual (RGBl 1849)	lat. *processualis*
155	Procura (OL)	it. *procura* < lat. *procurare*	procură (OL)	lat. *procura*/ frz. *procure*/ dt. *Prokura*
156	Protokoll (RGBl 1849/1870 / OL)	mlat. *protocollum*<mgr. *protokollon*	protocol (RGBl 1849/1870/OL)	lat. *protocollum*/ dt. *Protokoll*/ frz. *protocol*
157	provisorisch (RGBl 1849)	frz. *provisoire*	provisoriu (RGBl 1849)	lat. *provisorius*/ frz. *provisoire*
158	Quittung (RGBl)	afrz. *quite* < mlat.*quietus*	cvietanță (RGBl 1849) citanță (RGBl 1870) chitanță (RGBl 1916)	mlat. *quietantia*/ it. *quitanza*/ fr. *quittance*/ russ. *kvitancija*/ **dt. *Quittung****
159	Recht (RGBl 1870/1916/ OL)	dt.	drept (RGBl 1870/1916/ OL)	rum. ugs. <lat. *directus*
160	rechtmässig (OL)	dt.	legitim/ legal/ drept (OL)	frz. *légitime*/ lat. *legitimus* Siehe nr. 100 Siehe nr. 159
161	Rechtsfreund (RGBl 1849)	dt.	advocat (RGBl 1849)	Siehe nr. 3
162	Rechtskraft (RGBl 1849/1870)	dt.	putere legiuitivă (RGBl 1849) vigoare (RGBl 1870)	Syn. Lehnübersetzung aus dem Deutschen Siehe auch nr. 98 siehe nr. 118
163	Rechtsmittel (RGBl 1849/1916)	dt.	Mijloace judecătorești/ Mijloace-de-drept (RGBl 1849) remediu (1916)	Siehe nr. 170 Str. Lehnübersetzung aus dem Deutschen lat. *remedium*/ frz. *remède*
164	Rechtswege (RGBl 1849)	dt.	calea dreptului/ calea legei (RGBl 1849)	Syn. Lehnübersetzung aus dem Deutschen Partielle Lehnübersetzung Siehe auch nr. 98
165	Recurs/Rekurs (RGBl)	frz. *recours*/ lat. *recursus*	recurs (RGBl 1849/1870/1916)	lat. *recursus*/ dt. *Rekurs*/ frz. *recours*
166	Recusation (OL)	lat.?	recusare (OL)	frz. *récuser*
167	regeln (RGBl 1849)	lat. *regula*	a regula (RGBl 1849)	frz. *régulariser*/ dt. *regulieren*

168	Rechtsanspruch (RGBl 1849)	dt.	pretindere-de-drept (RGBl 1849)	Str. Lehnübersetzung aus dem Deutschen Siehe nr. 12
169	Restitution (RGBl 1849)	lat. *restitutio*	restituțiune (RGBl 1849)	frz. *restitution*
170	Richter	dt.	jude (RGBl 1849) judecătoriu (RGBl 1870) judecător (RGBl 1916)	lat. *judex* lat. *judicatorius*
171	Richteramt	dt.	oficiu judecătoresc (RGBl 1849)	neugr. *ὀφφίκιον*/ lat. *officium*/ dt. *Offizium*/ frz. *office* Siehe auch nr. 170
172	Schadenersatz (1870)	dt.	disdăunare (RGBl 1870) despăgubire (RGBl 1916)	Str. Lehnübersetzungen aus dem Deutschen
173	Schmiergeld (OL)	dt.	taxă de uns (OL)	Syn. Lehnübersetzung aus dem Deutschen dt. *Taxe*/ lat. *taxa*/ frz. *taxe*
174	Schuld (OL)	dt.	datorie (OL)	Siehe nr. 147
175	Schuldner (OL)	dt.	debitor (OL)	frz. *débiteur*/ it. *debitore*/ lat. *debitor*
176	Schwur (OL)	dt.	jurământ (OL)	lat. *juramentum*
177	Sicherung (der Rechte) (RGBl 1849)	dt.	garanție (RGBl 1849)	Siehe nr. 57
178	Solidarhaftung (OL)	frz. *solidaire*/ lat. *solidus*	garanție solidară (OL)	Siehe nr. 57 frz. *solidaire*
179	Staatsanwalt (OL)	dt.	procuror (OL)	frz. *procureur*
180	Staatsschatz (RGBl 1849)	dt.	vistieria statului (RGBl 1849)	Syn. Lehnübersetzung aus dem Deutschen mlat. *vestiarium*
181	Stämpel (RGBl 1849/1870)	dt.	ștemplu (RGBl 1849) timbru (RGBl 1870)	**dt. Stämpel*** frz. *timbre*/ it. *timbro*
182	Stämpelfreiheit (RGBl 1849)	dt.	scutirea-de-ștemplu (RGBl 1849)	lat. *scutum* Siehe auch nr. 181
183	Stämpelgebühr (RGBl 1870)	dt.	cuveninţa de timbru (RGBl 1870)	slaw. *cuveni*, latinisiert *cuvenință* Siehe auch nr. 181

184	Stämpelpflichtig (RGBl 1849)	dt.	obligat stemplului (RGBl 1849)	Syn. Lehnübersetzung aus dem Deutschen Siehe nr. 146 u. 181
185	Stämpelpflichtigkeit (RGBl 1849) Stämpelpflicht (RGBl 1870)	dt.	obligăciunea-de-stemplu (RGBl 1849) oblegăciunea timbrului (RGBl 1870)	Str. bzw. syn. Lehnübersetzung aus dem Deutschen Siehe auch nr. 146 u.181
186	Steueramte (1870)	dt.	oficiul de dare (RGBl 1870)	Siehe nr. 171 rum. ugs.
187	Steuerbefreiung (RGBl 1870)	dt.	scutirile de dare (RGBl 1870)	Syn. Lehnübersetzung Siehe nr. 182 u. 186
188	strafbar (OL)	dt.	penal/ amenințat cu pedeapsă (OL)	Siehe nr. 193 lat. *amminaciare*
189	Strafgericht (RGBl 1849)	dt.	judecătorie criminală (RGBl 1849)	Siehe nr. und 63
190	Strafgesetz (RGBl 1849)	dt.	legea de pedeapsă (RGBl 1849)	Syn. Lehnübersetzung aus dem Deutschen Siehe nr. 98
191	Strafgesetzbuch (RGBl 1849/1870)	dt.	condica criminală (RGBl 1849) codicele penal (RGBl 1870)	Siehe nr. und 63 lat. *codex* Siehe nr. 193
192	Strafprozessordnung (RGBl 1870)	dt. Siehe nr. 154 lat. *ordo, ordinatio*	procedura penală (RGBl 1870)	Siehe nr. 215 u. 193
193	strafrechtlich (RGBl 1916)	dt.	penal (RGBl 1916)	lat. *poenalis/* frz. *pénal*
194	Strafrechtspflege (RGBl 1849)	dt.	judecată criminală (RGBl 1849)	Siehe nr. 63
195	Strafsache (RGBl 1870)	dt.	afacere penală (RGBl 1870)	frz. *affaire* Siehe nr. 193
196	Strafverfahren (RGBl 1849)	dt.	procedura criminală (RGBl 1849)	Siehe nr. 215 u. 63
197	Streitsache (RGBl 1849)	dt.	proces (RGBl 1849)	lat. *processus/* dt. *Prozess/* frz. *procès*
198	Streittheile (RGBl 1849)	dt.	părțile certătoare (RGBl 1849)	Syn. Lehnübersetzung aus dem Deutschen
199	Suspension (RGBl 1870)	lat. *suspendere*	suspindere (RGBl 1870)	frz. *suspendre/* lat. *suspendere/* **dt. *Suspension****

200	Tarif (RGBl 1849)	it. *tariffa*, frz. *tarif*, arab. *ta`rīf*	tarif (RGBl 1849)	neugr. *tarífa*/ it. *tariffa*/ dt. *Tarif*/ frz. *tarif*
201	Testament (OL)	lat. *testamentum*	testament (OL)	lat. *testamentum*/ dt. *Testament*/ frz. *testament*/ ung. *testamentum, testamentom*
202	Thäter (RGBl 1849) Thäter eines Verbrechens	dt.	criminalist (RGBl 1849) făcătoriu de rău (RGBl 1849) făcătoriu unei crime (RGBl 1849)	Siehe nr. 63 rum. ugs. Syn. Lehnübersetzung aus dem Deutschen
203	Uebereinkommen (RGBl 1849)	dt.	coinţelerere (RGBl 1849)	rum. ugs.
204	Uebertretung/ Übertretung (RGBl)	dt.	călcare (RGBl 1849/1870) contravenţie (RGBl 1916)	Lehnbedeutung aus dem Deutschen frz. *contravention*
205	unbewegliches Gut (RGBl 1849)	dt.	bun nemobil (RGBl 1849)	Syn. Lehnübersetzung frz. *mobile*/ lat. *mobilis*
206	unehelich (OL)	dt.	ilegitim (OL)	Siehe nr. 161
207	Untersuchungsgericht (RGBl 1870)	dt.	judecătorie de investigăciune (RGBl 1870)	Siehe nr. 91 Siehe nr. 107
208	Urkunde (RGBl)	dt.	document (RGBl 1849/1916) uric (RGBl 1870)	lat. *documentare*/ frz. *documenter* ung. örök
209	Urtheil (RGBl 1870)	dt.	sentinţă (RGBl 1870/1916)	lat. *sententia*/ frz. *sentence*
210	Verbot (RGBl 1870)	dt.	opreală (RGBl 1849/1870) prohibire (RGBl 1916)	ugs. rum. frz. *prohiber*/ dt. *prohibieren*
211	Verbrechen (RGBl 1849/1870 / OL)	dt.	crimă (RGBl 1849/1870/ OL)	Siehe nr. 63
212	verbrecherische Tat (RGBl 1849)	dt.	criminala faptă (RGBl 1849)	Syn. Lehnübersetzung aus dem Deutschen
213	Verdacht (eines Verbrechens) (RGBl 1849)	dt.	propus (RGBl 1849)	lat. *proponere*/ frz.*proposer*
214	Vereidung (RGBl 1849)	dt.	jurare (RGBl 1849)	Siehe nr. 30
215	Verfahren (RGBl)	dt.	proţedura (RGBl 1849) procedură (RGBl 1849/1870/1916) pertractare (RGBl 1916)	lat. *procedura*/ frz. *procédure*/ dt. *Prozedur* lat. *pertractare*

216	Verfolgung (strafgerichtliche -) (RGBl 1870 / OL)	dt.	urmărire judecătorială (RGBl 1870) urmărire/ executare (OL)	Lehnbedeutung aus dem Deutschen Siehe auch nr. 170 Siehe nr. 236
217	Verfolgung auf frischer That (RGBl 1849)	dt.	goana după proaspăta faptă (RGBl 1849)	Syn. Lehnübersetzung aus dem Deutschen
218	Vergehen (RGBl 1870)	dt.	delict (RGBl 1870)	lat. *delictum*/ frz. *délit*
219	Verhaft (OL)	dt.	arest (OL)	Siehe nr. 20
220	Verhandlung	dt.	pertratare (RGBl 1849) tractare (RGBl 1870) pertractare (RGBl 1916)	Siehe nr. 215
221	Verhör (OL)	dt.	interogatoriu (OL)	frz. *interroger*/ lat. *interrogare*
222	Verletzer (OL)	dt.	ofensator/ vătămător, călcător (OL)	frz. *offenser* rum. ugs. rum. ugs.
223	Verletzung (RGBl 1870/ OL)	dt.	vătĕmare (RGBl 1870) violare/ vătămare/ ofensare/ călcare (OL)	lat. *victimare* lat. *violare*/ frz. *violer* rum. ugs. Siehe nr. 222 rum. ugs.
224	Vernehmung (OL)	dt.	interogatoriu/ ascultare (OL)	Siehe nr. 221
225	verordnen	dt.	aorândui (RGBl 1849) a ordina (RGBl 1870) a dispune (RGBl 1916)	rum. ugs. Siehe nr. 11 Siehe nr. 11
226	Verordnung	dt.	ordonanță (RGBl 1849/1916) ordinăciune (RGBl 1849/1870) decret (RGBl 1849)	Siehe nr. 77 Siehe nr. 64
227	verpflichten (refl.) (RGBl 1870)	dt.	a se oblega (RGBl 1870)	lat. *obligare*/ frz. *obliger*
228	Verpflichtung (1870)	dt.	oblegăciune (RGBl 1849) indetorire (RGBl 1870) obligământ (RGBl 1916)	Siehe nr. 146 Str. Lehnübersetzung aus dem Deutschen Siehe nr. 146

229	Verschwiegenheitseid (OL)	dt.	jurământ de discrețiune (OL)	Siehe nr. 176 frz. *discrétion*/ it. *discrezione*/ ung. *diskreció*
230	Verschwörung (OL)	dt.	conjurare/ conspirare (OL)	frz. *conjuration*/ lat. *conjuratio* lat. *conspiratio*/ frz. *conspiration*
231	Verwaltung (1870)	dt.	aministrăciune (RGBl 1849/1870) administrație (RGBl 1916)	Siehe nr. 2
232	Verwaltungsrath (RGBl 1849/1870	dt.	consiliu administrativ (RGBl 1849) consiliul de aministrăciune (RGBl 1870)	lat. *consilium* Siehe auch nr. 2
233	Völkerrecht (OL)	dt.	Drept internațional (OL)	frz. *international*
234	Vollzug (1870)	dt.	esecutare (RGBl 1870) executare (RGBl 1916)	frz. *exécuter*
235	Vormundschaft (OL)	dt.	tutelă (OL)	frz. *tutelle*/ lat. *tutela*
236	Vorschrift (RGBl)	dt.	prescris (RGBl 1849) prescript(RGBl 1849/1870) normă(RGBl 1916)	lat. *praescriptum* lat. *norma*/ frz. *norme*/ russ. *norma*/ dt. *Norm*
237	Wirksamkeit(RGBl 1849/1870)	dt.	putere (RGBl 1849) vigoare (RGBl 1870)	rum. ugs. Siehe nr. 118
238	Wirkungskreis (RGBl 1849)	dt.	Sfera lucrărei (RGBl 1849)	Syn. Lehnübersetzung aus dem Deutschen Siehe nr. 97
239	Wirtschaftsämter	dt.	dirigătorile proprietărești de economie (RGBl 1849)	Siehe nr. 28 lat. *oeconomia*/ neugr. *οἰκονομία*/ frz. économie
240	Zeuge (RGBl 1849/1870/ OL)	dt.	martoru (RGBl 1849) martor (RGBl 1870) martur (OL)	lat. *martyr*
241	Zeugenverhör (RGBl 1849)	dt.	Ascultarea mărturiilor (RGBl 1849)	Syn. Lehnübersetzung aus dem Deutschen
242	Zoll (RGBl 1849)	dt.	Vamă (RGBl 1849)	ung. *vám*

Schlussfolgerungen

Das vorliegende Buch liefert eine interdisziplinär angelegte Untersuchung, deren Ziel darin besteht, die sprachliche Dynamik und die Herausbildung der rumänischen (Fach)Sprache in der habsburgischen Bukowina nachzuvollziehen. Dabei handelt es sich um eine Erforschung peripherer Prozesse und ihrer Interferenz mit denen im Zentrum, denn zum einen war die Bukowina bis 1918 ein Grenzgebiet der Habsburgermonarchie und zum anderen wurde sie nach 1918 zum Grenzgebiet Rumäniens. Weiterhin werden hierein Fragen nach Mehrsprachigkeit, Identität und Nationsbildung – auch hinsichtlich der Habsburgermonarchie im Allgemeinen – erörtert, wobei nicht zuletzt das Übersetzungsphänomen berücksichtigt wird. Dies ist nicht nur für den gewählten Zeitraum (1848–1918) relevant und unerlässlich, sondern kann auch für die gegenwärtige Gesellschaft erhellend sein, in der mehrsprachige Situationen und Sprachkontakte häufig vorkommen, hinter denen sich Konfliktpotenziale verbergen.

Mit Bezug auf die Bukowina bestätigen die Recherchen, dass die Sprache keine eingeschlossene stabile Entität, sondern eher ein lebender und veränderlicher Organismus ist, der äußeren Einflüssen ausgesetzt ist bzw. sich auf außersprachliche Faktoren auswirken kann. Prägend auf die Konfigurierung der rumänischen Sprache an der Peripherie wirkten die Interaktion und das Ineinanderfließen mehrerer Kulturräume, wodurch sich ein eigener pluralistischer Bukowiner Kulturraum herauskristallisierte. Wie in anderen Teilen der von Differenzen gekennzeichneten Monarchie kam es auch hier zu Auseinandersetzungen mit dem *ich* und mit der kollektiven Zugehörigkeit, die in der Arbeit durch Hinterfragung von zwei großen Erzählungen behandelt werden. Diese zwei im Rahmen des imperialen bzw. nationalen Diskurses formulierten Erzählungen boten gegensätzliche Darstellungen des Kronlandes – einerseits als Oase des friedlichen konfliktfreien Miteinanders und andererseits als Miniatur-Völkerkerker – und entsprachen somit den Machtinteressen der jeweiligen Seiten.

Im Bukowiner mehrsprachigen Raum setzte sich das Deutsche allmählich als *lingua franca* aller zusammenwohnenden Volksgruppen durch, was unter anderem durch die kaiserliche Sprachenpolitik zu erklären ist. Außerdem wurden die deutschen Einwanderer als zivilisierte und zivilisierende Individuen vorgestellt und durften als positive Vorbilder für die Einheimischen dienen. Trotzdem wurde das Rumänische nach der Annektierung (1775) im Bereich der Justiz und Verwaltung berücksichtigt und in den Schulen unterrichtet, wobei es einen bedeutenden Aufschwung erlebte. Ab 1849 wurden das Rumänische und das Ruthenische als weitere Landessprachen neben dem Deutschen gesetzlich anerkannt, doch das Deutsche bewahrte in der Praxis seinen Vorrang bis zum Ende der Monarchie.

Der Ausbau und die Modernisierung der rumänischen Sprache erfolgten im Einklang mit dem nationalen Diskurs, der auch außerhalb der Bukowiner Grenzen, in den anderen von RumänInnen bewohnten Regionen gestaltet und gefördert wurde. Vor dem Hintergrund der sich im europäischen Raum intensivierenden Selbst(er)findungsbestrebungen nahm auch der nationale Diskurs der RumänInnen die Sprache als Hauptmerkmal der Nationalität in Anspruch. Sie galt dementsprechend als Bindemittel innerhalb der ethnischen Gruppe, aber gleichzeitig auch als differenzierendes Merkmal, das das „Eigene" vom „Fremden" abgrenzte. Die Sprache wurde zum Symbol der Nationalität und der nationalen Kultur und musste gepflegt und bereichert werden, um die Selbstbehauptung der Nationalität sicherzustellen. Als solches diente sie als politisches Instrument in den Bukowiner Machtverhandlungen. Auf sprachlicher Ebene ließen sich die nationalen Anstrengungen zur historischen Legitimierung durch zahlreiche Initiativen konkretisieren, die darauf abzielten, die lateinische Herkunft der rumänischen Sprache zu erforschen und nachzuweisen. Alle damit beschäftigten Recherchen, deren Ergebnisse veröffentlicht und eifrig verbreitet wurden, sollten ein kollektives Bewusstsein der verstreuten, getrennt lebenden RumänInnen schaffen, das sie als innerlich fest verbundene historische Nationalität nach Westen orientierte. Damit konnte das Rumänische in der frühen Vergangenheit verankert und außerdem mit einer edlen Sprache verknüpft werden, was auch als Grundlage für seine weitere Entwicklung diente. Die moderne rumänische Sprache konfigurierte sich daher auf Basis ihres lateinischen Ursprungs und schloss sich an die westeuropäischen Sprachen und an die westliche Kultur an.

Obwohl der öffentlich deklarierte Leitfaden zur sprachlichen Modernisierung eher die verwandten romanischen Sprachen als Vorbilder suggerierte, soll aus der vorliegenden Arbeit ersichtlich sein, dass die Entfaltung des Rumänischen in nicht zu unterschätzendem Maß der habsburgischen Herrschaft und dem Kontakt mit der deutschen Sprache zu verdanken ist. Die Berücksichtigung des Rumänischen bei der Gesetzgebung – nicht nur nach der verfassungsrechtlichen Einführung des Gleichberechtigungsprinzips, sondern auch vor 1848 – oder bei der Anstellung von Beamten hat dieser Sprache abverlangt, sich dem durch die Habsburger umgesetzten und ständig entwickelten staatlichen Apparats anzupassen.

Diesbezüglich verweist die im Buch dargestellte terminologische Analyse der zweisprachigen Ausgaben der *Reichsgesetzblätter* auf die Rolle des Übersetzens im Rahmen sprachlich bedingter Machtverhandlungen. Sie zeigt unter anderem, dass die Übersetzungstätigkeit einen bedeutenden Einfluss auf die Konfigurierung der modernen rumänischen Sprache ausgeübt hat. Als Zielsprache war das Rumänische dazu aufgefordert, den neuen Bedürfnisse zu entsprechen, die durch die Reformierung des juristisch-administrativen Bereichs entstanden. Dabei diente das Deutsche als Muster für die Prägung einer entsprechenden fachlichen Lexik, wie aus den zahlreichen Lehnbedeutungen, Lehnübersetzungen und Entlehnungen aus dem Deutschen ersichtlich ist. Die in den Ausgangstexten verwendete deutsche Fachsprache umfasste zahlreiche lateinische Begriffe, die sich schnell ans Rumänische anpassen ließen. Auf diese Weise konnten die mit der Übertragung beschäftigten Übersetzer, – die teilweise auch politisch engagiert waren, – ihre Muttersprache im Einklang mit den nationalen Idealen

– durch Verwertung ihrer lateinischen Wurzeln – modernisieren und dadurch zur Bereicherung des rumänischen Kulturgutes beitragen.

Die zahlreichen Übersetzungen, die für die und in der Bukowina verfasst wurden, dienten somit nicht nur einem praktischen Ziel der Übertragung von Informationen aus einer Sprache in die andere, sondern bauten Brücken zwischen Kulturräumen und ermöglichten den Austausch kultureller Elemente, wobei sie als kulturschaffendes Phänomen zur Konstruktion der rumänischen Sprache und der rumänischen Nationalität beitrugen. Andererseits aber verminderten die bereitgestellten Übersetzungen und der damit veranlasste kulturelle, soziale, berufliche und politische Aufstieg der RumänInnen den Bedarf, die deutsche Sprache, – die als interethnisches Kommunikationsmittel zum Einsatz kam, – zu erlernen. Dadurch erfolgte eine Distanzierung der Bukowiner RumänInnen von den anderen Nationalitäten, wobei die Grenzen, die gemäß Sakai bereits beim Auslösen der translatorischen Tätigkeit gezogen werden, weiter gefestigt wurden. Übersetzen galt somit als *nation-building*, aber gleichzeitig als abgrenzenden Prozess, indem es die Verbindungen zwischen Nationalitäten schwächte und letztendlich das mehrsprachige Habsburgerreich in Frage stellte.

Schlussfolgernd kann noch bemerkt werden, dass sich die Sprachen der Bukowina in einem Raum des meist friedlichen doch nicht konfliktfreien Miteinanders entfalten konnten. Die interethnische und zwischensprachliche Interaktion förderte unter anderem eine Auseinandersetzung mit der rumänischen Sprache, ihrer Struktur und ihrem Schöpfungspotenzial, um neue Bezeichnungen zu gestalten, was allmählich zur Konfigurierung einer modernen Sprache führte, die nicht nur in juristisch-administrativen, sondern auch in vielen anderen Kontexten gebraucht werden konnte. Die durch Einwirkung äußerer Faktoren und mithilfe des Übersetzens konstruierte rumänische Sprache trug somit als definierendes Merkmal zur Konstruktion der rumänischen Nationalität und zu ihrer Durchsetzung in den öffentlichen Bereichen der Bukowina bei, was nicht zuletzt Änderungen in der Bukowiner Sprachenhierarchie sowie bedeutsame Machtübertragungen veranlasste.

Danksagung

Mein größter Dank gilt meinem Doktorvater Univ.-Prof. Dr. Dr. h.c. Andrei Corbea-Hoişie, der mein Interesse an einem so komplexen und vielseitigen Thema geweckt hat und dessen engagierte Betreuung und Bereitschaft zu Diskussionen von großer Hilfe waren. Ohne seine konstruktiven Anmerkungen und wertvollen Hinweise wäre die Arbeit in ihrer gegenwärtigen Form nicht möglich gewesen. Ein besonderer wissenschaftlicher Dank gebührt Herrn C. S. gr. I Dr. Mihai-Ştefan Ceauşu, Frau A.O. Prof. Dr. Cornelia Cujbă, Herrn A.O. Prof. Dr. Ion Lihaciu, Frau A.O. Dr. Ana-Maria Minuţ sowie Frau Univ.-Prof. Dr. Larisa Schippel, die mein Forschungsvorhaben durch fachliche Gespräche und bibliographische Empfehlungen begleitet haben.

Nicht zuletzt bedanke ich mich bei meinen Eltern Firmilia und Alexandru Huţanu, meinem Partner Andrei Odoviciuc und meinem Bruder Silviu Huţanu für ihre unermüdliche Unterstützung und wohltuenden Ermutigungen.

Andreea Odoviciuc
Jassy, März 2020

Bibliographie

Primärquellen:

ALEX/ÖNB (1849) „Allgemeines Reichs-Gesetz- und Regierungsblatt für das Kaiserthum Österreich", Deutsch/Rumänisch, in: http://alex.onb.ac.at/tab_rro.htm und http://alex.onb.ac.at/tab_rgb.htm [1.04.2018]

ALEX/ÖNB (1811) Kundmachungspatent des ABGB – Patent 946 vom 1ten Junius 1811, in: http://alex.onb.ac.at/cgi-content/alex?aid=jgs&datum=1012&page=465&size=40 [26.09.2017]

ALEX/ÖNB (1870/1916) „Reichsgesetzblatt für die im Reichsrath vertretenen Königreiche und Länder", Deutsch/Rumänisch, in: http://alex.onb.ac.at/tab_rro.htm und http://alex.onb.ac.at/tab_rgb.htm [1.04.2018]

Alecsandru Ion I. (1865), *Codicele civile. Ediţiune oficiale,* Bucuresci: Imprimeria statului.

Wörterbücher:

DA/DLR – Dicţionarul Limbii Române (DLR), Bukarest: Editura Academiei Române, 1913–1944 bzw. 1949 ff.

DUDEN online – https://www.duden.de/

Köbler, Gerhard (1995), *Etymologisches Rechtswörterbuch,* Tübingen: J.C.B. Mohr (Paul Siebeck).

Onciul, Aurel/Lupu, Florea (1895) *Dicţionar JURIDIC-POLITIC,* Czernowitz: Archiep. Silvestru Morariu-Andrievici.

Wahrig-Burfeind (2007) *WAHRIG Fremdwörterlexikon,* München: Deutscher Taschenbuch Verlag.

Sekundärliteratur

Anderson, Benedict (2006) *Imagined Communities. Reflections on the Origin and Spread of Nationalism,* London/New York: Verso.

Arntz, Reiner (1986) „Terminologievergleich und internationale Terminologieangleichung", in: Snell-Hornby, Mary (ed.) (1986) *Übersetzungswissenschaft – eine Neuorientierung. Zur Integration von Theorie und Praxis,* Tübingen: Francke Verlag, S. 283–310.

Benjamin, Walter (1991), Über Sprache überhaupt und über die Sprache des *Menschen* in *Gesammelte Schriften,* Vol. II–1, Frankfurt a.M: Suhrkamp, S. 140–157.

Brauneder, Wilhelm (2013) „Die Übersetzung von Gesetzen in der Habsburgermonarchie", Donau-Institut Working Paper No. 7, in: <https://www.andrassyuni.eu/pubfile/de-58-19-di-wp-brauneder-transferbedingung-ubertragungubersetzung-final.pdf> [8.01.2020]

Brix, Emil (1982) *Die Umgangssprachen in Altösterreich zwischen Agitation und Assimilation. Die Sprachenstatistik in den zisleithanischen Volkszählungen 1880 bis 1910,* Graz: Hermann Böhlaus.

Bruckmüller, Ernst (1996) *Nation Österreich. Kulturelles Bewußtsein und gesellschaftlich-politische Prozesse,* Wien – Köln – Graz: Böhlau Verlag.

Burger, Hannelore (1995) *Sprachenrecht und Sprachengerechtigkeit im österreichischen Unterrichtswesen 1867–1918*, Wien: Verlag der österreichischen Akademie der Wissenschaften.

Ceaușu, Mihai-Ștefan (1998) *Bucovina habsburgică de la anexare la congresul din Viena*, Jassy: Fundația Academică „A.D. Xenopol".

Ceaușu, Mihai Ștefan (2000) „Der Landtag der Bukowina" in: Rumpler, Helmut/ Urbanitsch, Peter (eds.) (2000) *Die Habsburgermonarchie 1848–1918, Band VII: Verfassung und Parlamentarismus, 2. Teil*, Wien: Verlag der österreichischen Akademie der Wissenschaften, S. 2171–2198.

Ceaușu, Mihai Ștefan (2008) „Die Presse und das politische Leben in der Bukowina am Anfang des 20. Jahrhunderts. Der Fall der Zeitschrift >Die Wahrheit<", in: Corbea-Hoișie, Andrei / Lihaciu, Ion /Rubel, Alexander (2008) (eds.) *Deutschsprachige Öffentlichkeit und Presse in Mittelost- und Südosteuropa (1848–1948)*, Jassy: Editura Universității „Alexandru Ioan Cuza"/ Konstanz: Hartung-Gorre Verlag, S. 395–403.

Ceaușu, Mihai-Ștefan (2010) „Eudoxiu Hurmuzaki versus Alexandru Petrino. Centralism contra federalism (1861–1871)" in: *Analele Bucovinei, Anul XVII, 1/2010*, Bukarest: Editura Academiei Române, S. 21–33.

Colin, Amy-Diana (2017) „Bukowina: Eine Versuchsstation für Vielvölkerkoexistenz im Lichte gegenwärtiger Multikulturalismus-Theorien und -Diskurse", in: Corbea-Hoișie, Andrei/ Lihaciu, Ion (eds.) (2017) *'Toposforschung (...) im Lichte der U-topie'. Literarische Erörterungen in/aus MittelOsteuropa*, Jassy: Editura Universității „Alexandru Ioan Cuza" / Konstanz: Hartung-Gorre Verlag, S. 61–84.

Corbea-Hoișie, Andrei (2003) *Czernowitzer Geschichten. Über eine städtische Kultur in Mittel(Ost)-Europa*, Wien-Köln-Weimar: Böhlau Verlag.

Corbea-Hoișie, Andrei (2013) *Politik. Presse und Literatur in Czernowitz 1890–1940. Kulturgeschichtliche und imagologische Studien*, Tübingen: Stauffenburg Verlag.

Cosovan, Tiberiu (2010) „Europa, în imagini de la începutul secolului XX" in: <https://www.monitorulsv.ro/Cultural-local/2010-08-20/Europa-in-imagini-de-la-inceputul-secolului-XX> [31.05.2018]

Csáky, Moritz (2010) *Das Gedächtnis der Städte. Kulturelle Verflechtungen – Wien und die urbanen Milieus in Zentraleuropa*, Wien-Köln-Weimar: Böhlau Verlag.

Csáky, Moritz (2002) „Pluralistische Gemeinschaften : Ihre Spannungen und Qualitäten am Beispiel Zentraleuropa" in: <http://www.kakanien-revisited.at/beitr/fallstudie/MCsaky2.pdf> [24.11.2017]

Csáky, Moritz/Feichtinger, Johannes/Karoshi, Peter/Munz, Volker (2006), „Pluralitäten, Heterogenitäten, Differenzen. Zentraleuropas Paradigmen für die Moderne", in: <http://www.kakanien-revisited.at/beitr/theorie/MCsaky_JFeichtinger_PKaroshi_VMunz1.pdf> [24.11.2017]

Cujbă, Cornelia (1999) *Influența germană asupra vocabularului limbii române literare contemporane*, Bukarest: Paideia.

Cybenko, Larissa (2001) „»Vielvölkerstaat« vs. »Völkerkerker« im Schaffen der »österreichischen Ukrainer« um 1900", in: <http://www.kakanien-revisited.at/beitr/fallstudie/LCybenko1.pdf> [05.02.2018]

Dainotto, Roberto (2012) „Translating Laws. Montesquieu and the South", in: Italiano, Federico/ Rössner, Michael (eds.) (2012) *Translatio/n. Narration, Media and the Staging of Difference*, Bielefeld: transcript Verlag, S. 187–201.

Dobrina, Claudia (2010) *Die Suche nach der Äquivalenz: Auf einem Streifzug durch drei Disziplinen*, Examensarbeit für Magisterexamen, Universität Stockholm.

Dölemeyer, Barbara (2011) „Das Bild des Gesetzes in Allegorie und Karikatur" in: *Rechtsgeschichte Rg 18 (2011), Zeitschrift des Max-Planck-Instituts für europäische Rechtsgeschichte,* S. 259–262, in: <http://rg.rg.mpg.de/de/article_id/398> [3.06.2017]

Eminescu, Mihai (1877) *[La anul 1774...],* in: <http://www.mihai-eminescu.ro/la-anul-1774-de-mihai-eminescu-30-septembrie-1877/?print=print> [29.01.2020]

Erzherzog Rudolf (ed) (1886) *Die Österreichisch-Ungarischen Monarchie in Wort und Bild,* Übersichtsband, 1. Abteilung, Band 2, Wien: k.k. Hof- und Staatsdruckerei, Alfred von Hölder, *Einleitung* S. 5–17 in: <https://austria-forum.org/web-books/kpwde02de1886onb> [28.01.2020]

Erzherzog Rudolf (ed.) (1902) *Die Österreichisch-Ungarischen Monarchie in Wort und Bild. Kroatien und Slawonien,* Band 24, *Schlusswort* S. 6, in: <https://austria-forum.org/web-books/kpwde24de1902onb/000615> [28.01.2020]

Fischel, Alfred (1910) *Das Österreichische Sprachenrecht,* Brünn: Druck und Verlag von Friedr. Irrgang, in: <https://archive.org/details/dassterreichis00fisc> [18.01.2018]

Grilj, Benjamin M. (2015) „Nationalisierung, Segregation und Exklusion in der Bukowina. Der (Allgemeine) Deutsche Schulverein und die Rumänische Kulturliga im Vergleich", in: Winkler, Markus (ed.) (2015) *Partizipation und Exklusion. Zur Habsburger Prägung von Sprache und Bildung in der Bukowina 1848–1918–1940,* Regensburg: Verlag Friedrich Pustet, S. 77–96.

Guțu, George (2002) „Möglichkeiten geistesgeschichtlicher Vergegenwärtigungsdiskurse. Fallbeispiel Bukowina", in TRANS. Internet-Zeitschrift für Kulturwissenschaften No. 13/2002, Bukarest, in: <http://www.inst.at/trans/13Nr/gutu13.pdf> [15.08.2017]

Hall, Stuart (1992) „Fundamentalism, Diaspora and Hybridity", in: Hall, Stuart/Held, David/McGrew, Tony (eds.) (1992) *Modernity and its Futures: Understanding Modern Societies,* Cambridge: Polity Press, S. 310–316.

Haslinger, Peter „Sprachenpolitik, Sprachendynamik und imperiale Herrschaft in der Habsburgermonarchie 1740–1914" in: https://www.zfo-online.de/index.php/zfo/article/viewFile/2905/2905 [18.01.2018].

Hausleitner, Mariana (2015) „Historiker der Universität Czernowitz als Wissenschaftler und Politiker: Raimund Friedrich Kaindl und Ion Nistor", in: Winkler, Markus (ed.) (2015) *Partizipation und Exklusion. Zur Habsburger Prägung von Sprache und Bildung in der Bukowina 1848–1918–1940,* Regensburg: Verlag Friedrich Pustet, S. 55–76.

Hellbing, Ernst C. (1975) „Landesverfassung und Nationalitätenfrage. Bukowina", in: Wandruszka, Adam/Urbanitsch, Peter (eds.) (1975) *Die Habsburgermonarchie 1848–1918, Band VII: Verfassung und Parlamentarismus, 2. Teil,* Wien: Verlag der österreichischen Akademie der Wissenschaften, S. 251.

Heller, Marin Johannes (1992) *Reform der deutschen Rechtssprache im 18. Jahrhundert,* Frankfurt am Main: Peter Lang.

Hitchins, Keith (2003) „Die Rumänen in der Bukowina" in *Die Habsburgermonarchie 1848–1918. Band III: Die Völker des Reiches, I. Teil,* S. 615–525.

Hobsbawm, Eric/Ranger, Terence (eds.) (1983) *The Invention of Tradition,* Cambridge: Cambridge University Press.

Hryaban, Viktoriya (2005) „Der »Bukowina-Band« der Österreichisch-ungarischen Monarchie in Wort und Bild", in: <http://www.kakanien-revisited.at/beitr/fallstudie/VHryaban1.pdf> [15.10.2017]

Hugelmann, Karl Gottfried (1934) *Das Nationalitätenrecht des alten Österreich,* Wien-Leipzig: Wilhelm Braumüller Universitäts-Verlagsbuchhandlung.

Jeanrenaud, Magda (2005) „Traducerea filozofiei, filozofia traducerii", in Ricoeur, Paul, *Despre traducere,* Übersetzung und Einführungsstudie von Magda Jeanrenaud, Jassy: Polirom.

Judson, Pieter M. (2017) *Habsburg. Geschichte eines Imperiums 1740–1918,* aus dem Englischen von Michael Müller, München: C.H. Beck.

Kann, Robert A. (1964) *Das Nationalitätenproblem der Habsburgermonarchie. Geschichte und Ideengehalt der nationalen Bestrebungen vom Vormärz bis zur Aufösung des Reichs im Jahre 1918,* Erster Band *Das Reich und die Völker,* Graz-Köln: Verlag Hermann Böhlaus Nachf.

Karoshi, Peter (2003) „Einheit in der Vielfalt? Pluralität und Ethnizität in den staatserhaltenden Narrative des habsburgischen Reichs", in: <http://www.kakanien-revisited.at/beitr/fallstudie/PKaroshi1.pdf> [24.11.2017]

Kremnitz, Georg (1990) *Gesellschaftliche Mehrsprachigkeit. Institutionelle, gesellschaftliche und individuelle Aspekte,* Wien: Braumüller.

Lefevere, André (1992) *Translation. History. Culture. A Sourcebook,* London/New York: Routledge.

Lihaciu, Ion/Minut, Ana-Maria (2015) „Zum Einfluss des Habsburger Bildungsideals auf rumänische Schulbücher und Sprache in Siebenbürgen und der Bukowina", in Winkler, Markus (ed.) (2015) *Partizipation und Exklusion. Zur Habsburger Prägung von Sprache und Bildung in der Bukowina 1848–1918–1940,* Regensburg: Friedrich Pustet, S. 129–150.

Metzeltin, Michael (2002) „Identität und Sprache: Eine thesenartige Skizze" in: <http://www.kakanien-revisited.at/beitr/theorie/MMetzeltin1.pdf> [24.11.2017]

Moser, Joseph W. (2017) „Der Blick von Außen – Czernowitz als westliche Kulturmetropole im Osten der Donaumonarchie", in: Corbea-Hoişie, Andrei/Lihaciu, Ion (eds.) (2017) *'Toposforschung (...) im Lichte der U-topie'. Literarische Er-örterungen in/aus MittelOsteuropa,* Jassy: Editura Universităţii „Alexandru Ioan Cuza"/Konstanz: Hartung-Gorre Verlag, S. 253–265.

Mounin, Georges (1967) *Die Übersetzung. Geschichte, Theorie, Anwendung,* München: Nymphenburger Verlagshandlung.

Munteanu, Eugen (2015) *Istoria limbii române literare* (Vorlesung), Jassy: Verlag der Universität „Alexandru Ioan Cuza".

Musil, Robert (1978) *Der Mann ohne Eigenschaften, 8. Kakanien* in *Gesammelte Werke I,* Hamburg: Rowohlt, S. 31–35.

Neschwara, Christian „Zur Kodifikationsgeschichte des ABGB" verfügbar online.

Neverdeen Pieterse, Jan (2015) *Globalization & Culture,* Lanham: Rowman & Littlefield.

Newerkla, Stefan Michael (2014) „Mehrsprachigkeit und lexikalische Konvergenz – Gemeinsame Konversationismen in den Sprachen der ehemaligen Habsburgermonarchie", in: Cwanek-Florek, Ewa/Nöbauer, Irmgard (eds.) *Deutsch und die Umgangssprachen der Habsburgermonarchie,* Wien: Politische Akademie der Wissenschaften, S. 11–27.

Nuč, Aleksandra (2017) *Slowenische Translatoren treffen auf Asklepios. Die Übersetzungen des Reichsgesetzblattes ins Slowenische am Beispiel der Gesetzestexte über die pharmazeutische Berufs- und Hochschulausbildung im Zeitraum von 1849 bis 1918,* Graz.

Olaru, Marian/Purici, Ştefan (2002) „Bucovinism" şi „homo bucovinensis", in *Analele Bucovinei,* Editura Academiei Române, S. 367–374.

Pezzl, Johann (1803) *Skizze von Wien: unter der Regierung Josephs des Zweyten,* Erster Theil, Wien: J.B. Degen Buchdrucker und Buchhändler.

Prokopowitsch, Erich (1959) *Das Ende der österreichischen Herrschaft in der Bukowina,* München: Verlag R. Oldenbourg.

Prokopowitsch, Erich (1961) „Die Entwicklung des Schulwesens in der Bukowina", in: Lang, Franz (ed.) (1961) *Buchenland. Hundertfünfzig Jahre Deutschtum in der Bukowina*, München: Verlag des Südostdeutschen Kulturwerks.

Prokopowitsch, Erich (1965) *Die rumänische Nationalbewegung in der Bukowina und der Dakoromanismus. Ein Beitrag zur Geschichte des Nationalitätenkampfes in Österreich-Ungarn*, Graz-Köln: Verlag Hermann Böhlaus Nachf.

Protopopescu, Lucia (1967) *Noi contribuţii la bibliografia lui Ion Budai-Deleanu. Documente inedite,* Bukarest: Editura Academiei.

Rădulescu, Andrei (1970) *Pagini din istoria dreptului românesc,* Bukarest: Editura Academiei.

Reiß, Katharina (1983) *Texttyp und Übersetzungsmethode. Der operative Text,* Heidelberg: Julius Groos Verlag.

Reiß, Katharina (1995) *Grundfragen der Übersetzungswissenschaft. Wiener Vorlesungen von Katharina Reiß*, Snell-Hornby, Mary/Kadric, Mira (eds.), WUV-Universitätsverlag, Wien.

Reiter, Clara (2015) *In Habsburgs sprachlichem Hofdienst. Translation in den diplomatischen Beziehungen zwischen den habsburgischen Höfen von Madrid und Wien in der Frühen Neuzeit,* Dissertation zur Erlangung des Doktorgrades der Philosophie an der Karl-Franzens-Universität Graz.

Ricoeur, Paul (2004) *Sur la traduction,* Paris: Bayard.

Ricoeur, Paul (2005) *Despre traducere,* Übersetzung und Einführungsstudie von Magda Jeanrenaud, Jassy: Polirom.

Rössner, Michael (2012) „Translating Translation. On Mimesis, Translatio/n and Metaphor. Some Reflexions on the Boundaries of Cultural Translation and the 'Translational Turn'", in: Italiano, Federico/Rössner, Michael (eds.) *Translatio/n. Narration, Media and the Staging of Difference,* Bielefeld: transcript Verlag, S. 35–50

Ruthner, Clemens (2002) „Imaginäre Gemeinsamkeit als Identitätskonstruktion. Eine kritisch >kakanische< Re-Lektüre von Benedict Andersons Imagined Communities" in: <http://www.kakanien-revisited.at/beitr/theorie/CRuthner2.pdf> [02.12.2017]

Sakai, Naoki, „Translation and the Figure of Border: Towards the Apprehension of Translation as a Social Action", in: <https://www.researchgate.net/publication/261973184_Translation_and_the_Figure_of_Border_Toward_the_Apprehension_of_Translation_as_a_Social_Action> [29.01.2020].

Scharr, Kurt (2010) *Die Landschaft Bukowina. Das Werden einer Region an der Peripherie 1774–1918,* Wien/Köln/Weimar: Böhlau Verlag.

Scharr, Kurt (2015) „Der griechisch-orientalische Bukowinaer Religionsfonds 1783–1949. Einfluss und Bedeutung einer Institution (Skizzen zu einem laufenden Forschungsprojekt)", in: Winkler, Markus (ed.) (2015) *Partizipation und Exklusion. Zur Habsburger Prägung von Sprache und Bildung in der Bukowina 1848–1918–1940,* Regensburg: Verlag Friedrich Pustet, S. 229–245.

Schippel, Larisa (2014) „Traditionen des Bruchs. Plädoyer für eine Historiographie des Übersetzens", in: Schippel, Larisa/Jeanrenaud, Magda/Richter, Julia (eds.) *„Traducerile au de cuget să îmblînzească obiceiurile...". Rumänische Übersetzungsgeschichte-Prozesse, Produkte, Akteure,* Berlin: Frank&Timme Verlag für wissenschaftliche Literatur/Jassy: Editura Universităţii „Alexandru Ioan Cuza", S. 19–32.

Schippel, Larisa (2017) „Traducerea „imperială şi traducerea „naţională”. Metadiscursuri şi procese reale de traducere din secolul al XIX-lea”, in: Lungu-Badea, Gabriela/Obrocea Nadia *Studii de traductologie românească. I. Discurs traductiv, discurs metatraductiv. In honorem professoris Ileana Oancea,* Timişoara: Editura Universităţii de Vest, S. 100–114, in: <http://www.diacronia.ro/ro/indexing/details/V4216/pdf> [2.05.2018]

Schnitzler, Arthur (2016) *Jugend in Wien. Eine Autobiographie,* Berlin: Hofenberg Sonderausgabe.

Schweickard, Wolfgang (1989) „Rumänisch: Fachsprachen”, in *Lexikon der Romanistischen Linguistik (LRL),* Band III, Tübingen: Max Niemeyer Verlag, S. 216–225.

Slapnicka, Helmut (1974) „Die Sprache des Reichsgesetzblattes”, in *Zeitschrift für Ostforschung 23,* S. 440–454.

Snell-Hornby, Mary (1986) „Übersetzen, Sprache, Kultur”, in Snell-Hornby, Mary (ed.) *Übersetzungswissenschaft – eine Neuorientierung. Zur Integration von Theorie und Praxis,* Tübingen: Francke Verlag.

Stachel, Peter (2001) „Ein Staat, der an einem Sprachfehler zu Grunde ging. Die >>Vielsprachigkeit<< des Habsburgerreichs und ihre Auswirkungen”, in: <http://www.kakanien-revisited.at/beitr/fallstudie/PStachel4.pdf> [24.11.2017]

Steiner, George (1976) *After Babel: aspects of language and translation,* London: Oxford Univ. Press.

Stoichiţoiu-Ichim, Adriana (2014) *Observaţii privind semantica termenolor juridici* in *Ion Coteanu – in Memoriam,* Editura Universităţii din Bucureşti, S. 197–213, in: http://www.diacronia.ro/ro/indexing/details/V141/pdf

Stourzh, Gerald (1985) *Die Gleichberechtigung der Nationalitäten in der Verfassung und Verwaltung Österreichs 1848–1918,* Wien: Verlag der Österreichischen Akademie der Wissenschaften.

Stourzh, Gerald (2003) „Die Gleichberechtigung der Volksstämme als Verfassungsprinzip 1848–1918”, in: Wandruszka, Adam/Urbanitsch, Peter (eds.) (2003) *Die Habsburgermonarchie 1848–1918. Band III: Die Völker des Reiches, 2. Teilband,* Verlag der österreichischen Akademie der Wissenschaften 2., Unveränderte Auflage, S. 975–1206.

Struve, Karen (2013) *Zur Aktualität von Homi K. Bhabha. Einleitung in sein Werk,* Wiesbaden: Springer VS.

Turczynski, Emanuel (1993) *Geschichte der Bukowina in der Neuzeit. Zur Sozial- und Kulturgeschichte einer mitteleuropäisch geprägten Landschaft,* Wiesbaden: Harrassowitz Verlag.

Ungureanu, Constantin (2015) „Mittelschulen und höhere Lehranstalten in der Bukowina vor 1918: Nationen, Sprachen und Geschlechter. Ein statistischer Überblick”, in: Winkler, Markus (ed.) (2015) *Partizipation und Exklusion. Zur Habsburger Prägung von Sprache und Bildung in der Bukowina 1848–1918–1940,* Regensburg: Verlag Friedrich Pustet, S. 115–128.

Van Drunen, Jeroen (2015) „Deutsche Kultur und geistiges Proletariat. Zur Ambivalenz der Czernowitzer Franz-Josephs-Universität (1875–1918)”, in: Winkler, Markus (ed.) (2015) *Partizipation und Exklusion. Zur Habsburger Prägung von Sprache und Bildung in der Bukowina 1848–1918–1940,* Regensburg: Verlag Friedrich Pustet.

Van Drunen, Jeroen (2013) *«A sanguine bunch». Regional identification in Habsburg Bukovina, 1774–1919,* UvA-DARE (Digital Academic Repository).

Vermeer, Hans J. (1986) „Übersetzen als kultureller Transfer”, in: Snell-Hornby, Mary *Übersetzungswissenschaft – eine Neuorientierung. Zur Integration von Theorie und Praxis,* Tübingen: Francke Verlag, S. 31–53.

Von Bauernfeld, Eduard (1842) *Pia desideria eines österreichischen Schriftstellers,* Leipzig: Otto Wigand.

Wagner, Birgit (2009) „Kulturelle Übersetzung. Erkundungen über ein wanderndes Konzept", in: <http://www.kakanien-revisited.at/beitr/postcol/bwagner2.pdf> [31.10.2017]

Wagner, Birgit (2012) „Cultural Translation: A Value or a Tool? Let's Start with Gramsci!", in: Italiano, Federico/Rössner, Michael (eds.) (2012) *Translatio/n. Narration, Media and the Staging of Difference*, Bielefeld: transcript Verlag, S. 51–57.

Wagner, Rudolf (1984) *Der Parlamentarismus und nationale Ausgleich in der ehemals österreichischen Bukowina*, München: Verlag „Der Südostdeutsche".

Wagner, Rudolf (1991), *Vom Moldauwappen zum Doppeladler*, Augsburg: Hofmann-Verlag.

Wenedikter, Richard (1934) „Die Karpathenländer" in: Hugelmann, Karl Gottfried (ed.) (1934) *Das Nationalitätenrecht des alten Österreich*, Wien-Leipzig: Wilhelm Braumüller Universitäts-Verlagsbuchhandlung, S. 685–738.

Wolf, Michaela (2012) *Die vielsprachige Seele Kakaniens. Übersetzen und Dolmetschen in der Habsburgermonarchie 1848 bis 1918*, Köln: Böhlau Verlag Ges.m.b.H. und Co. KG.

Zöllner, Erich (1990) *Geschichte Österreichs von den Anfängen bis zur Gegenwart*, Wien: Verl. für Geschichte und Politik.

Zup, Iulia-Elena (2015) *Traducerile legislației austriece în Bucovina habsburgică (1775–1918)*, Jassy: Editura Universității „Alexandru Ioan Cuza".

Zup, Iulia-Elena (2016) „Die Übersetzungen des Habsburger Allgemeinen Bürgerlichen Gesetzbuches ins Rumänische", in: <http://reviste.ulbsibiu.ro/gb/GB36/Zup.pdf> [26.09.2017]

FORUM: RUMÄNIEN

Bd. 1 Larisa Schippel: Kultureller Wandel als Ansinnen. Die diskursive Verhandlung von Geschichte im Fernsehen. 476 Seiten. ISBN 978-3-86596-249-2

Bd. 2 Thede Kahl (Hg.): Das Rumänische und seine Nachbarn. 326 Seiten. ISBN 978-3-86596-195-2

Bd. 3 Daniel Barbu: Die abwesende Republik. Aus dem Rumänischen übersetzt von Larisa Schippel. 364 Seiten. ISBN 978-3-86596-208-9

Bd. 4 Maren Huberty/Michèle Mattusch (Hg.): Rumänien und Europa. Transversale. 446 Seiten. ISBN 978-3-86596-270-6

Bd. 5 Renate Windisch-Middendorf: Der Mann ohne Vaterland. Hans Bergel – Leben und Werk. 168 Seiten. ISBN 978-3-86596-275-1

Bd. 6 Andrei Oişteanu: Konstruktionen des Judenbildes. Rumänische und ostmitteleuropäische Stereotypen des Antisemitismus. Aus dem Rumänischen übersetzt von Larisa Schippel. 682 Seiten. ISBN 978-3-86596-273-7

Bd. 7 Michael Metzeltin/Thomas Wallmann: Wege zur Europäischen Identität. Individuelle, nationalstaatliche und supranationale Identitätskonstrukte. 288 Seiten. ISBN 978-3-86596-297-3

Bd. 8 Alina Mazilu/Medana Weident/Irina Wolf (Hg.): Das rumänische Theater nach 1989. Seine Beziehungen zum deutschsprachigen Raum. 444 Seiten. ISBN 978-3-86596-290-4

Bd. 9 Angelika Herta/Martin Jung (Hg.): Vom Rand ins Zentrum. Die deutsche Minderheit in Bukarest. 266 Seiten. ISBN 978-3-86596-334-5

Bd. 10 Thede Kahl/Larisa Schippel (Hg.): Kilometer Null. Politische Transformation und gesellschaftliche Entwicklungen in Rumänien seit 1989. 490 Seiten. ISBN 978-3-86596-344-4

Bd. 11 Constanţa Vintilă-Ghiţulescu: Liebesglut. Liebe und Sexualität in der rumänischen Gesellschaft 1750–1830. Aus dem Rumänischen übersetzt von Larisa Schippel. 204 Seiten. ISBN 978-3-86596-298-0

Bd. 12 Thede Kahl/Larisa Schippel (Hg.): Leben in der Wirtschaftskrise – Ein Dauerzustand? 236 Seiten. ISBN 978-3-86596-395-6

Bd. 13 Mirela-Luminiţa Murgescu: Vom „guten Christen“ zum „tapferen Rumänen“. Die Rolle der Primarschule bei der Herausbildung des rumänischen Nationalbewusstseins 1831–1878. Aus dem Rumänischen übersetzt von Julia Richter und Larisa Schippel. 322 Seiten. ISBN 978-3-86596-405-2

FORUM: RUMÄNIEN

Bd. 14 Elisabeth Berger: Rezeption österreichischer Literatur in Rumänien 1945–1989. 232 Seiten. ISBN 978-3-86596-506-6

Bd. 15 Maren Huberty/Michèle Mattusch/Valeriu Stancu (Hg.): Rumänien – Medialität und Inszenierung. 284 Seiten. ISBN 978-3-86596-473-1

Bd. 16 Katharina Kilzer/Helmut Müller-Enbergs (Hg.): Geist hinter Gittern. Die rumänische Gedenkstätte *Memorial Sighet*. 216 Seiten. ISBN 978-3-86596-546-2

Bd. 17 Constanţa Vintilă-Ghiţulescu: Im Schalwar und mit Baschlik. Kirche, Sexualität, Ehe und Scheidung in der Walachei im 18. Jahrhundert. Aus dem Rumänischen übersetzt von Larisa Schippel. 362 Seiten. 978-3-86596-437-3

Bd. 18 Andrei Oişteanu: Rauschgift in der rumänischen Kultur: Geschichte, Religion und Literatur. Aus dem Rumänischen übersetzt von Julia Richter. 500 Seiten. ISBN 978-3-7329-0029-9

Bd. 19 Adrian Majuru: Stadt der Verlockungen. Das vormoderne Bukarest zwischen Orient und Europa. Aus dem Rumänischen übersetzt von Ioana Nechiti und Clemens Wigger 226 Seiten. ISBN 978-3-7329-0018-3

Bd. 20 Gerhard Köpernik: Faschisten im KZ. Rumäniens Eiserne Garde und das Dritte Reich. 290 Seiten. ISBN 978-3-7329-0089-3

Bd. 21 Lucian Boia: Fallstricke der Geschichte. Die rumänische Elite von 1930 bis 1950. Aus dem Rumänischen übersetzt von Larisa Schippel. 346 Seiten. ISBN 978-3-7329-0048-0

Bd. 22 Lucian Boia: Die Germanophilen. Die rumänische Elite zu Beginn des Ersten Weltkrieges. Aus dem Rumänischen übersetzt von Andrea Apostu u. a. 368 Seiten. ISBN 978-3-7329-0115-9

Bd. 23 Roman Hutter: Revolution und Legitimation. Die politische Instrumentalisierung des Umbruchs 1989 durch die Postkommunisten in Rumänien. 150 Seiten. ISBN 978-3-7329-0052-7

Bd. 24 Thede Kahl/Peter Mario Kreuter/Christina Vogel (Hg.): Culinaria balcanica. 380 Seiten. ISBN 978-3-7329-0138-8

Bd. 25 Victor Neumann: Die Interkulturalität des Banats. 164 Seiten. ISBN 978-3-7329-0116-6

Bd. 26 Maria Irod: Dieter Schlesak zwischen Moderne und Postmoderne. 278 Seiten. ISBN 978-3-7329-0143-2

Bd. 27 Lucian Blaga: Die transzendente Zensur. Aus dem Rumänischen übersetzt von Rainer Schubert. 228 Seiten. ISBN 978-3-7329-0161-6

FORUM: RUMÄNIEN

Bd. 28 Pascal Bentoiu: George Enescu: Meisterwerke. Aus dem Rumänischen übersetzt von Larisa Schippel und Julia Richter. Unter Mitarbeit von Raluca Știrbăț. 790 Seiten. ISBN 978-3-7329-0166-1

Bd. 29 Lucian Boia: Wie Rumänien rumänisch wurde. Aus dem Rumänischen übersetzt von Andreea Pascaru. 116 Seiten. ISBN 978-3-7329-0217-0

Bd. 30 Michael Metzeltin: Das Rumänische im romanischen Kontrast. Eine sprachtypologische Betrachtung. 182 Seiten. ISBN 978-3-7329-0239-2

Bd. 31 Lucian Blaga: Über das philosophische Bewusstsein. Aus dem Rumänischen übersetzt von Rainer Schubert. 270 Seiten. ISBN 978-3-7329-0261-3

Bd. 32 Martin Jung: In Freiheit. Die Auseinandersetzung mit Zeitgeschichte in Rumänien (1989 bis 2009). 516 Seiten. ISBN 978-3-7329-0258-3

Bd. 33 Thede Kahl (Hg.): Von Hora, Doina und Lautaren. Einblicke in die rumänische Musik und Musikwissenschaft. 628 Seiten mit CD. ISBN 978-3-7329-0310-8

Bd. 34 Iulia Dondorici: Den Körper schreiben – Poetiken des Körpers in der Prosa der rumänischen Moderne. 208 Seiten. ISBN 978-3-7329-0289-7

Bd. 35 Thede Kahl/Peter Mario Kreuter/Christina Vogel (Hg.): „Vergessen, verdrängt, verschwunden". Aufgegebene Kulturen, Beziehungen und Orientierungen in der Balkanromania. 366 Seiten. ISBN 978-3-7329-0255-2

Bd. 36 Thede Kahl: Natur und Mensch im Donaudelta. 244 Seiten. ISBN 978-3-7329-0438-9

Bd. 37 Michèle Mattusch (Hg.): Kulturelles Gedächtnis – Ästhetisches Erinnern. Literatur, Film und Kunst in Rumänien. 606 Seiten. ISBN 978-3-7329-0418-1

Bd. 38 Carola Heinrich/Thede Kahl (Hg.): Litterae – magistra vitae. Heinrich Stiehler zum 70. Geburtstag. 514 Seiten. ISBN 978-3-7329-0464-8

Bd. 39 Heinrich Stiehler (Hg.): Panaït Istrati: Politische Spätschriften 1934/1935. 156 Seiten. ISBN 978-3-7329-0557-7

Bd. 40 Annemarie Sorescu-Marinković/Thede Kahl/Biljana Sikimić (eds.): Boyash Studies: Researching "Our People". 466 Seiten. ISBN 978-3-7329-0694-9

Bd. 41 Antonina Roitburd: Rumänische Literatur im deutschsprachigen Raum seit 1990. 134 Seiten. ISBN 978-3-7329-0659-8

Bd. 42 Mariana Hausleitner: Selbstbehauptung gegen staatliche Zwangsmaßnahmen. Juden und Deutsche in Rumänien seit 1830. 342 Seiten. ISBN 978-3-7329-0714-4

Frank & Timme

FORUM: RUMÄNIEN

Bd. 43 Alexandru Simon: In the World of Vlad. The Lives and Times of a Warlord.
330 Seiten. ISBN 978-3-7329-0799-1

Bd. 44 Mirel Bănică: Glück, Gott und Gaben. Kultur und Religion der Roma.
Aus dem Rumänischen übersetzt von Larisa Schippel.
474 Seiten. ISBN 978-3-7329-0678-9

Bd. 45 Valeska Bopp-Filimonov/Martin Jung (Hg.): Kaleidoskop Rumänien.
Einblicke in die aktuelle Vielfalt des interdisziplinären Faches Rumänistik.
236 Seiten. ISBN 978-3-7329-0763-2

Bd. 46 Gundel Große: Literaturgeschichte im Prozess (1990–2000).
Die Auseinandersetzung rumänischer Literaten mit der Zwischenkriegszeit.
218 Seiten. ISBN 978-3-7329-0942-1

Bd. 47 Andreea Odoviciuc: Gegeneinander – Nebeneinander – Miteinander.
Deutsch und Rumänisch als Rechts- und Verwaltungssprachen im habsburgischen Kronland Bukowina (1848–1918). 142 Seiten. ISBN 978-3-7329-0944-5